Theodor Möbius

Are's Isländerbuch im isländischen Text

mit deutscher Übersetzung, Namen und Wörterverzeichnis und einer Karte

Theodor Möbius

Are's Isländerbuch im isländischen Text
mit deutscher Übersetzung, Namen und Wörterverzeichnis und einer Karte

ISBN/EAN: 9783743314443

Hergestellt in Europa, USA, Kanada, Australien, Japan

Cover: Foto ©ninafisch / pixelio.de

Manufactured and distributed by brebook publishing software
(www.brebook.com)

Theodor Möbius

Are's Isländerbuch im isländischen Text

ARE'S

ISLÄNDERBUCH

IM ISLÄNDISCHEN TEXT

MIT DEUTSCHER ÜBERSETZUNG, NAMEN- UND WÖRTER-
VERZEICHNISS UND EINER KARTE

ZUR BEGRÜSSUNG DER GERMANISTEN

BEI DER XXVII. DEUTSCHEN PHILOLOGENVERSAMMLUNG
IN KIEL 27/30. SEPTEMBER 1869

HERAUSGEGEBEN

VON

Dr. THEODOR MÖBIUS

PROFESSOR AN DER UNIVERSITÄT IN KIEL

LEIPZIG

DRUCK UND VERLAG VON B. G. TEUBNER

1869

VORWORT

Noch wenige Jahre hin — und Island feiert im J. 1874 das tausendjährige Jubiläum seiner Geschichte.

Dass es diess kann, dass es den Beginn seiner staatlichen Entwickelung nicht wie anderwärts eingehüllt in das Dunkel der Sage, sondern beleuchtet von dem Licht beglaubigter Geschichte zu erblicken vermag, — diess verdankt es seinen heimischen Geschichtschreibern, vor Allem demjenigen, der wie er als der älteste ihren Reigen eröffnet, so durch kritisches Sammeln und Sichten der von ihm überlieferten Nachrichten in aller Weise den Namen des glaubwürdigsten und zuverlässigsten verdient, dem Priester Are dem Kundigen, dem Verfasser der Íslendingabók.

Grund genug, meinte ich, als die Nachricht zu uns kam, dass die deutsche Philologenversammlung diess Jahr in Kiel stattfinden solle, dieser dem skandinavischen Norden nächst liegenden deutschen Universität und zugleich der einzigen, an der ein besondrer Lehrstuhl für nordgermanische Philologie errichtet ist, — zum Gegenstand der in solchem Falle üblichen Begrüssungsschrift die Íslendingabók zu wählen und diesen 'libellus aureus', wie sie für das dem Germanisten hochwerthe Island in gleichem Sinne heissen möchte als für unser deutsches Vaterland des Tacitus Germania, den Fachgenossen in handlichem Texte mit den zu seinem Verständniss erforderlichen Beigaben als freundliches Gastgeschenk darzubieten.

Eines bitte ich sie aber hierbei zu beherzigen: so kleinen Umfanges sie ist, bietet die Íslendingabók nach Form und Inhalt so vielfache Veranlassung zu ausführlichen Er-

a*

örterungen und fordert fast Satz für Satz zu ihrer vollstän-
digen Erkenntniss und Würdigung so eingehende Unter-
suchungen auf dem Gebiete der alt-isländischen Geschichte,
dass es mir nicht in den Sinn kommen konnte, mit dieser
meiner kleinen Arbeit, die innerhalb einiger Monate zu voll-
enden war, etwas Andres leisten zu wollen und leisten zu
können, als demjenigen, den es zu weiterem Eindringen ins
isländische Alterthum nach einem festen und sicheren Grunde
verlangt, wie einen solchen eben die Íslendingabók darbietet,
den Zugang zu ihr von sprachlicher Seite her und durch
Angabe der zu weiterem Studium erforderlichen Hilfsmittel
zu erleichtern.

Nur noch einige einleitende Worte über Are, sein Buch
und dessen vorliegende Ausgabe.

Was wir von A re wissen, verdanken wir meist seinen
eignen Angaben in der Íslendingabók und denen Snorre's in
der Vorrede zur Heimskringla[1]. Sie sind mit den übrigen
gesammelt und zu einer Darstellung von Are's Leben und
Schaffen verarbeitet in Chr. Werlauffs bekannter Monogra-
phie: de Ario multiscio. Hafniæ 1808 (Cat. 16); vgl. auch
GrhM. I, 2—11 und Munch II, 633—634.

Are[2] war der Sohn des Þorgils und der Jóreiðr[3], geboren 1068 (oder 1067)[4], wohl im Bereiche des Breiðifjörðr
(s: die langfeðgar Breiðfirðinga Íbk 14²⁶ ff.) an Islands

---

[1] Über diese Vorrede und ihre zweifache Gestalt, vor Hkr und vor
Ólafs s. helga, s: K. Maurer, Altn. s. 127, 177 u. 51, Anm. 2, worin auch
beide abgedruckt.

[2] über den Namen s: s. 41; vollständ. Bezeichn.: Ari prestr hinn
fróði Þorgilsson (vgl. Aron froðe þ. s. in Odds Ól. Tr. s. Chra 1853, 23¹),
auch: Ari hinu gamli Bp I, 26¹⁶ zum Unterschied von seinem Enkel Ari
Þorgilsson hinn sterki (Sturl.) † 1188 s: Bp I, xxi.

[3] Seinen Vater Þorgils und Grossvater Gellir Þorkelsson nennt Are
selber Íbk 14²⁵·²⁹, seine Mutter Jóreiðr nennt Landnáma IV, 9 (Ísl. I,
262¹⁸).

[4] 1068: Are (Íbk 11¹³) sagt, dass er zwölf Jahr war im J. 1080,
als Bisch. Isleif starb; ebenso die Kristni s. k. 12 (Bp I, 27¹⁶⁻¹⁷); 1067:
Snorre in der Vorr. zu Hkr (2³⁰⁻³¹ U), dass Are den nächsten Winter
nach dem Tode des norw. Kg. Haraldr Sigurðarson († 1066) geboren,
ebenso die Ann. reg: 1067 fœddr Ari inn fróði.

Westküste. Als sein Vater, noch jung, in der genannten Bucht das Leben verloren, kam er in das Haus des Grossvaters Gellir þorkelsson zu Helgafell und, als auch dieser auf dem Heimwege einer Romfahrt zu Róiskelda im J. 1073 gestorben[1], als ein siebenjähriger Knabe zu dem alten, schon 80 jährigen Hallr þórarinsson im Haukadalr, nicht weit von Skálaholt; hier blieb er 14 Jahr, in Gemeinschaft mit dem Sohne des nachherigen Bischofs Ísleifr, dem Teitr, den er seinen fóstri nennt und dem er viele seiner histor. Mittheilungen verdankte[2]. Wohin er sich von dort gewendet, ob er einen eignen Hof und welchen er besessen, ist unbekannt. Er war Priester; nicht allein die öftere Anführung: Ari prestr zeugt dafür, sondern auch die ausdrückliche Angabe der Kristnisaga (k. 13, Bp I, 29[20]), dass Are wie mehrere vornehme und angesehene Isländer seiner Zeit, obwohl nicht Geistliche von Beruf, dennoch gelehrte Bildung (Kenntniss der lateinischen Sprache) und priesterliche Weihe erhielten. Befreundet war er mit den Bischöfen þorlákr Runólfsson und Ketill þorsteinsson, wie dem Priester Sæmundr Sigfússon, denen er seine íslendingabók vorlegte (Íbk. 3[1-3]). Er war verheirathet und hatte einen Sohn: þorgils, einen Enkel: Ari hinn sterki. Er starb 1148[3].

Are war nach Snorre's Aussage (Vorr. zu Hkr.) 'der Erste auf Island, der in heimischer Sprache alte und neue Geschichte schrieb'. In Übereinstimmung hiermit werden einerseits in der 1. Abhandl. über das isl. Alfabet (SE II, 12), wo von den ältesten isländ. Büchern die Rede ist, jenseits der Schriften Are's nur Gesetze, genealog. Register und Übersetzungen geistlicher Schriften angeführt, wird andrerseits gerade die historiographische Thätigkeit Are's durch die Erwähnung seiner spaklig frœði und der von ihm ver-

---

[1] den Tod von Are's Vater und Grossvater berichtet Laxd. 334[\-14] und 331[91].

[2] s: Íbk 10[33-35], 3[77] u. 11[12]. Vom Teitr sagt Snorre, Vorr. zu Hkr 3[16-19]: Teitr son Ísleifs byskups var með Halli í Haukadal at fóstri ok bjó þar síðan; hann (d. i: Teitr) lærði Ara prest, ok marga frœði sagði hann honum þá es Ari ritaði síðan.

[3] Annal. reg. 1148: andaðist -- Ari prestr þorgilsson enn fróði.

fassten mörg dœmi spaklig bezeugt; für sein historisches
Wissen überhaupt spricht der Beiname hinn frôdi d. h: der
Kundige, der ihm wie andern, Geschichtskundigen, z. B.
dem Sœmundr, Styrmir, Sturla verliehen wurde. Nach der
Vorrede zu jenen grammat. Abhandlungen der Snorra-Edda
(SE II, 4—6) hatte er gleich dem þóroddr rúnameistari auch
das Verdienst der isländischen Sprache ein latein. Alfabet
anzupassen; wenn er sich dessen zunächst für seine eignen
Schriften bedient haben mag, eine besondre Abhandlung
Are's über diesen Gegenstand wird man daraus nicht folgern
dürfen. — Seiner historischen Schriften scheinen mehrere
gewesen zu sein, worauf die Ausdrücke bœkr (SE II, 12[20]),
i sinum bókum (Hkr 450[34] U), i bókum Ara (Flat I, 511[25])
führen. Bestimmteres über ihren Inhalt erfahren wir theils
aus den Verweisungen bei Snorre, bei Haukr u. A., theils
aus der Íslendingabók. Hiernach galten sie einmal der Geschichte der norweg. Könige, sodann seiner isländischen
Heimath.

Dass Are über Geschichte der norweg. Könige geforscht
und geschrieben, ergeben nicht allein die Berufungen auf
seine Aussagen in den Ólafs sögur, sowohl des König Ólafr
Tryggv. als des König Ólafr helge, in Odds Ótr., Heimskringla,
Flateyjarbók (s: Maurer, Quell. 98—99, Anm. 22), sondern
auch Snorre's ausdrückliches Zeugniss in der Vorrede zur
Hkr. (und Óll): 'Are schrieb, wie er selber sagt, das Leben
der norweg. Könige nach dem Berichte des Oddr Kolsson';
die Überschrift, welche die Hkr in der Fríssbók führt: 'hier
beginnt das Buch der Könige nach dem Berichte des Priester Are des Kundigen', so wenig sie namentlich an dieser
Stelle, unmittelbar vor der Ynglingasaga, berechtigt erscheint,
zeugt mindestens für das hohe Ansehn, das Are's Namen
auf dem Gebiete norwegischer Geschichte besass, um mit
ihm ein Hauptwerk der letztern zu schmücken. — Obwohl
nun jene Verweisungen ebensowenig als Snorre's Worte erkennen lassen, welcher Art das oder die Bücher gewesen,
worin Are die angezognen Angaben gemacht und worin er
sich z. B. auch auf den — uns sonst nirgends genannten —
Oddr Kolsson, als seinen Berichterstatter berief, werden wir

doch theils nach dem Inhalte jener Verweisungen, der lediglich in Zeitbestimmungen besteht, theils und insonderheit im Hinblick auf den ganzen Entwickelungsgang der isländischen Prosaliteratur, kaum in der Annahme irren, dass die fragl. Schriften Are's, diese konunga æfi (regum vitæ) nichts weniger etwa, als — gleichviel welchen Umfanges — in Sagaform abgefasste Geschichten einzelner norwegischer Könige waren, als vielmehr Verzeichnisse derselben, in denen ihre Lebens- und Regierungsdauer auf dem Wege genealogischer und chronologischer Combination bestimmt war. Wie daher die Worte: hann ritaði . . æfi Noregs konunga nicht bedeuten: er schrieb = er verfasste, erzählte usw., sondern: er bestimmte in seiner Schrift (scribendo oder in scriptis suis constituit) usw., haben auch Snorre's Worte in Hkr VII (Ól.), k. 189 (450²⁹⁻³¹) nach vorausgehender Angabe, dass Ólafr helgi 15 Jahre König von Norwegen gewesen usw. usw.: 'þessa grein konung-dóms hans ritaði fyrst Ari' keinen andern Sinn, als: diese Berechnung von Olafs Regierung stellte zuerst Are in seiner Schrift auf. (Auch P. A. Munch in seiner dän. Übersetz. der Hkr s. 311 fasst die WW. in dieser Weise.)

Isländische Geschichte behandelte Are in der vorliegenden und sogleich zu besprechenden Íslendingabók. Auf diese, die Íslendingabók, kap. VI, bezieht sich Haukr Erlendsson in seiner Landnáma (Isl. I, 106, not. 1), wo meist mit Are's Worten von Grönlands Besiedlung die Rede ist; dasselbe und in gleicher Weise thuen die Kristnisaga (Bp I, 27¹⁶) und die beiden Jóns sögur (Bp I, 158¹⁹ und 231⁵), jene wo vom Bischof Isleifr, diese wo vom Bischof Gizur berichtet wird; in Kristnisaga k. 14 und Hungrvaka, k. 8 (Bp I, 30—31 und 70) wird sie benutzt ohne Are's Namen zu nennen (s: Maurer, Quellen 99). Indess die Angaben in Kristni s. k. 12 (Bp I, 26¹⁸): dass nach Are's Bericht Sigvaldi den Stefnir wegen der auf ihn gedichteten niðvisa erschlagen liess, ferner in Páls s. k. 18 (Bp I, 145¹⁷): in welchem traurigen Zustande laut Are das Land nach Bisch. Gizurs Tod gerieth, sodann in Laxd. 8²: dass nach Are's Angabe þorsteinn zu Katanes, und ebd. 330 extr.: Snorri

goði im J. 1031 gestorben, endlich in Eyrb. 8[28]: dass des
þórólfr mostrarskeggi Frau, die Unnr, von Are nicht unter
den Kindern des þorsteinn rauðr aufgeführt, und Njála 173[22]:
dass Snorre des Goden Vater nach Are: þorgils reyðarsiða
gewesen — von allen diesen Angaben steht Nichts in der
uns vorliegenden Íslendingabók und muss demnach Are über
isländische Personen und Begebenheiten noch anderwärts
berichtet haben. Are selbst gedenkt gleich am Anfange
unsrer Íslendingabók noch einer andern, früher von ihm
verfassten Íslendingabók und Haukr Erlendsson in seiner
Landnáma beruft sich bei Angabe der von ihm benutzten
Quellen auf ein Werk von Are: eptir því sem fróðir menn
hafa skrifat, fyrst Ari prestr hinn fróði þorgilsson ok Kol-
skeggr hinn vitri (Isl. I, 320, not. 12). Ob jene Angaben
nun in der frühern Íslendingabók oder in der von Haukr
angezognen Schrift sich fanden, ob diese beiden nicht viel-
leicht eins und dasselbe waren, werden wir unten sehen.

Erhalten ist uns von Are's Schriften nur die vorliegende
Íslendingabók, d. h. das Buch über die Isländer[1]. Dass sie
Are zum Verfasser hat, berichtet nicht allein der handschriftliche Titel: Schedæ Ara prests hins fróða, sondern es wird
auch bezeugt theils durch die oben angeführten Citate aus
ihr in Landnáma und in Bp., theils durch Snorre, der den

---

[1] Íslendingabók ist das Büchlein nach seinem Anfangsworte
zuerst von C. F. Dahlmann in der Vorbemerkung zu seiner deutschen
Übersetzung desselben (Forsch. I (1822), s. 459) und dann in den beiden
letzten Ausgaben, in Isl. I (1829), 1—20 und Isl. 1 (1843), 1—20 benannt worden; die handschriftliche Überlieferung und mit ihr die
Skalholter (1688), Chr. Worms (1716) und Bussæus' (1733) Ausgabe
geben ihm die Überschrift: Schedæ Ara prests ens fróða, die freilich, da in ihr Are sich selbst den Beinamen des Kundigen beigelegt,
nicht von ihm selber herrühren kann; Are selber scheint der latein.
Titel anzugehören: libellus Islandorum, obwohl Are in der Schrift
selbst diese nicht als einen bœklingr, sondern als eine bók (Ibk 13[25]
11[19] 3[4]: þessa) bezeichnet. Ob unter der in Flat. I, 526 extr. citirten
'Íslendinga skrá', wie Maurer meint (Altn. 57 u. Quell. 99), Are's
(frühere) Íslendingabók zu verstehen sei, lasse ich dahingestellt.
Über die dem Are sonst zugeschriebenen Werke s: Werlauff, 92—
97 und K. Maurer, Altn. [Anm. 8] 58—59.

Inhalt der Ibk, wenn auch nur sehr kurz, doch unzweifel-
haft für die Identität, in der Vorrede zur Hkr verzeichnet[1].
Die Íslendingabók enthält in ihren 10 kapp. (kap. I:
Ísland bygðisk bis zu den Schlussworten in kap. X: hér
lýksk sjá bók) einen nach der Zeitfolge geordneten Bericht
über die wichtigsten Begebenheiten der Geschichte Islands,
von seiner Besiedlung im Anfang der Siebziger des 9. Jahrhunderts, bis zum Jahre 1120. Kap. I—III und V handeln
von Islands Besiedlung, den Gesetzen Ulfljots, der Einrichtung des Alding und der Viertelstheilung der Insel und
schildern sonach die äussern wie innern Grundlagen des isländischen Staates, seines Rechtes und seiner Verfassung;
kap. IV und VI erzählen jenes die Einführung der neuen
Zeitrechnung, dieses die Entdeckung und Besiedlung Grönlands. Kap. VII—X berichten zunächst über den Hergang
bei der Einführung des Christenthumes im J. 1000, sodann
nach Aufzählung der auswärtigen auf Island thätigen Bischöfe eingehender über die beiden ersten einheimischen,
Ísleifr und Gizur zu Skalholt; was von politischen Ereignissen sich nach dem J. 1000 zutrug, einmal das Gesetz

---

[1] 'Are ... schrieb zuförderst im Anfange seines Buches von Islands
Besiedlung und Gesetzgebung, dann von der Amtsdauer der einzelnen
Gesetzsprecher, die Jahre berechnete er zuerst nach der Ankunft (d. i:
gesetzlichen Einführung) des Christenthums auf Island, aber dann nach
seiner eignen Lebenszeit. Er benutzte hierbei noch als mancherlei
andre (chronologische) Kriterien theils die Lebenszeit norwegischer,
dänischer und auch englischer Könige, theils wichtige Begebenheiten,
die sich hier zu Lande ereignet. Seine Angaben gelten mir alle ganz
besonders wichtig, da er — (wissen wollte und konnte) ein so forsch-
begieriger (forvitri) Mann war und bei seinem Alter — er war bereits
1067, ein Jahr nach Harald Sigurdssons Tode geboren, — mit seiner
Erinnerung so weit zurückreichte. Er schrieb, wie er selber sagt, das
Leben der norweg. Könige (ævi Noregs konunga) nach der Aussage des
Oddr Kolsson' usw. usw. In den darauf folgenden Sätzen begründet
Snorre noch weiter die Glaubwürdigkeit, die Are's Angaben vermöge
der von ihm befragten Berichterstatter und seiner gewissenhaften Benutzung derselben beanspruchen, bis er mit dem Gedanken schliesst:
nichts desto weniger gebe ich dem Zeugnisse der mit den Ereignissen
gleichzeitigen Skaldengedichte, sofern diese nur richtig 'gesprochen' und
erklärt, den Vorzug. Hkr. prol. 2²³—3¹⁷ U.

über die víglýsing und die Errichtung des fimtardómr im
J. 1004, sodann die erste schriftliche Aufzeichnung der
Landesgesetze bei Haflide im J. 1117 ist unter dem betref-
fenden Gesetzsprecher angeführt.

Diesem Berichte in seinen einzelnen Theilen ist Zweies
mehr oder minder gemeinsam, das für die Beurtheilung des
Büchleins, seiner Form und seines Zweckes von besonderer
Bedeutung erscheint: das Zeugenverhör und die chronologischen Bestimmungen. In beiderlei Beziehung nimmt die
íslendingabók im Gesammtbereiche der isländischen Prosa-,
insonderheit der historischen Literatur eine durchaus verein-
zelte, ihr ganz eigenthümliche Stellung ein.

Nichts von dem was Are berichtet — nur Weniges aus-
genommen, wie etwa kap. IV über die Jahresrechnung und
was er aus eigner Erinnerung schöpfen mochte — hat er
unbezeugt gelassen; jede seiner Angaben beruht auf der
sei es unmittelbaren oder mittelbaren Aussage von Zeugen,
die er für glaubwürdig erfunden und deren Wissen ihm für
die betreffende Thatsache besonders vertrauenswerth erschien.
Diese Zeugen aber mit Ausnahme der lateinischen Passio
St. Edmundi sind durchweg mündliche. Wenn er sich hier
und da auch auf die allgemeine Sage bezieht (svá er sagt,
þát vas almælt, at almanna tali, at alþýðu tali usw.), so
werden doch zugleich mit Begründung seines Vertrauens,
dass sie die Wahrheit sagen wollen und auch sagen können,
in jedem einzelnen Falle der oder die Gewährsmänner namentlich aufgeführt; es sind: Teitr ísleifsson, þorkell Gellisson, die þuríðr, Ulfheðinn Gunnarsson, Hallr Órœkjuson,
Hallr í Haukadali, Bischof Gizur, Markús Skeggjason,
Sæmundr Sigfússon (s: das Namenverzeichniss). Diess
Zeugenverhör ist in zweifacher Hinsicht bedeutsam: ver-
schafft die so sorgfältige und gewissenhafte Benutzung der
Zeugen den Angaben Are's in seiner Íslendingabók den
höchst möglichen Grad von Zuverlässigkeit, so gewährt andrerseits der Umstand, dass jene Zeugen eben nur mündliche waren, einen lehrreichen Einblick, wie der isländische
Geschichtsforscher in jener frühesten Zeit zu Werke ging

und auch nur gehen konnte (vgl: K. Maurer, Ztschr. für
deutsche Philol. I, 62—65 und Altn. [Anm. 8] 57—58).

Die Begebenheiten der Ibk sind ferner nicht bloss
im Allgemeinen in chronologischer Folge berichtet, sondern
es werden auch fast eine jede derselben einem bestimmten
Jahre der christlichen Ära zugewiesen (s: die Zeittafel).
Gleicht sie zwar in ersterer Beziehung jeder Geschichte, in
der letztern jedem annalistischen Werke, unterscheidet sie
sich doch sehr wesentlich z. B. von einer Saga, als diese —
ganz abgesehen von allen übrigen Verschiedenheiten — durchaus keine so strenge chronologische Folge innehält, am we-
nigsten aber Jahre angiebt, und unterscheidet sie sich nicht
minder wesentlich von Annalen, als diese ihre Begebenheiten
bereits bestimmten Jahren beifügen, während in der Island-
ingabók für die Begebenheiten bestimmte Jahre erst ge-
wonnen werden. Die Mittel deren sich Are hierbei bedient,
sind vorwiegend zwar anderwärts fixirte Daten, die ihm als
chronologische Stütz- und Ausgangspunkte dienen, wie die
JJ. 870 und 1000, jenes von König Edmunds Fall, diess der
Einführung des Christenthumes, ferner seine eignen Lebens-
jahre, gewisse Jahre aus dem Leben nordischer Könige;
eines jedoch scheint er sich selbst geschaffen und zuerst für
seinen Zweck verwendet zu haben: die Amtsperioden der
Gesetzsprecher, die er nach Namen und Dauer ihres Amtes
theils aus eigner Erinnerung, theils nach den Mittheilungen
des Markús Skeggjason, bez. dessen Bruders, Vaters, Grossvaters, sich zusammengestellt (Ibk kap. X). Sie werden
aufgeführt in kap. III. V. VIII. IX. X und reichen von
Hrafn Hængsson, dem ersten Gesetzsprecher (930—949) bis
zu Guðmundr þorgeirsson (1123—1134); ihre Amtsführun-
gen, einigermassen den Consulaten bei einem römischen Ge-
schichtschreiber vergleichbar, dienen ihm nicht allein zur
Ausfüllung ereignissloser Zeiträume, sondern auch gleich-
sam als Faden, an dem er einzelne Begebenheiten aufreiht
und deren Zeit er durch sie in Verbindung mit jenen andern Mitteln bestimmt. — In dieser chronologischen Fixirung
der berichteten Begebenheiten haben wir aber jedenfalls den
Hauptzweck des Büchleins und das Hauptverdienst seines

Verfassers zu erblicken. Diese chronologischen Bestimmungen sind es um derentwillen Are von den spätern Historikern vorzugsweise citirt wird und die auch Snorre (Vorr. z. Hkr) im Sinne hat, wenn er bei der Besprechung der Islendingabók jener oben angeführten Mittel gedenkt.

Der Íslendingabók gehen voraus: ein Prolog, die Genealogie Haralds des Haarschönen, Inhaltsangabe der zehn Kapitel der Íbk; es folgen ihr: die Genealogie der 5 ersten isländ. Bischöfe: Ísleifr-Gizur, Jón, Þorlákr, Ketill und das Geschlechtsregister Are's.

Von diesen 5 kleinen Stücken scheint die Genealogie Haralds zweifelhaften Ursprungs. Ihr Inhalt ('von Halfdan Olafsson usw. usw. stammte Harald, der erste Alleinherscher von Norwegen' — unter welchem Islands Besiedlung begann usw.) — dieser Inhalt liesse sie zwar unmittelbar vor dem 1. Kap. berechtigt erscheinen (ähnlich z. B. dem Beginn von Hrafnkels s. Freysgoða u. a.); indess selbst wenn man die 'Inhaltsangabe' zwischen ihr und dem 1. Kap. als ungehöriges Einschiebsel entfernte, würde, auch abgesehen von der zweimaligen Angabe, dass Halfdan der Schwarze der Vater Haralds war, die syntaktische Form eine solche Vereinigung der Genealogie und des Anfanges von Kap. I verbieten. Es liegt die Vermuthung nahe, dass diese Genealogie den Worten á dögum Haralds (3^{20}) von einem früheren Abschreiber als Glossem beigeschrieben, von einem späteren aber in den Text eingefügt worden. Die Ächtheit der Inhaltsangabe zu beanstanden sehe ich keinen Grund.

Von den beiden genealogischen Anhängen am Ende des Büchleins möchte der erstere, worin die Abkunft der ersten isländischen Bischöfe auf die vier im 2. Kap.: 'frá landnámsmönnum' instar omnium genannten Ansiedler: Hrollaug, Ketilbjörn, die Aud und Helge den magern zurückgeführt ist, am füglichsten zu fassen sein als eine Form ehrender Dedication der Schrift an die beiden noch lebenden, die derzeitigen Bischöfe Islands, Þorlákr zu Skálholt und Ketill zu Hólar, dieselben für die Are seine Íslendingabók verfasste und denen er sie zur Prüfung vorlegte.

Der andre mit des Verfassers Genealogie besagt wohl

nicht mehr, als eine Unterschrift: Arius fecit. Die genea-
logische Form an sich, worin diess Bekenntniss der Autor-
schaft ausgesprochen wird, nicht weniger der glorreiche Inhalt, der mit einem der glänzendsten nordischen Fürstenge-
schlechter anhebt — Beides trägt zu sehr das Gepräge von
Are's Zeit und Heimath, als dass man noch Anderes darin
suchen sollte (vgl. Werlauff s. 84—86 und Jón Sigurðsson
im Diplom. Island. I, 501—502).

Der kleine Prolog endlich, den Are der vorliegenden
íslendingabók und den sie begleitenden Stücken vorausge-
schickt, benachrichtigt den Leser, dass er bereits eine
íslendingabók früher verfasst, diese den Bischöfen þorlákr
und Ketill und dem Sæmundr vorgelegt, und durch deren
Urtheil bestimmt worden, eine zweite und zwar 'diese' vorliegende zu schreiben, zwar gleicher Art, doch theils ver-
kürzt, theils vermehrt und berichtigt.

Die Frage, in welchem Verhältnisse diese beiden Islän-
derbücher zu einander standen, verlohnt sich desshalb, weil
von ihrer Entscheidung nicht allein unser Urtheil über den
Umfang von Are's schriftstellerischer Thätigkeit abhängt,
sondern auch einzelne Fragen und Zweifel, die theils in der
Ibk selber, theils in den Verweisungen auf Are begegnen,
zum Theil mindestens durch sie ihre Erledigung finden.

Es stehen sich aber hier zwei verschiedne Ansichten
einander gegenüber, die Gubbrand Vigfússons und K. Mau-
rers und die mir brieflich mitgetheilte Jón Sigurðssons.
Gubbr. Vigfússon hat sich meines Wissens nur in einer
Anmerkung seiner Vorrede zur Eyrb. (Lpz. 1864), p. XIV
darüber geäussert, während K. Maurer mehrfach und in ein-
gehender Weise darüber gehandelt und vor Allem zuerst die
Consequenzen daraus gezogen (in: Graag. 42ᵇ, n. 79. Pfeif.
Germ. X, 490. Altn. [Anm. 8], 57. Quell. 69—74. 98,
Anm. 21).

GV und KM erklären die vorliegende íslendingabók für
eine wesentlich verkürzte Bearbeitung der früheren, JS
dagegen nur als eine zweite Ausgabe mit den im Prolog
angegebnen Änderungen; nach GV und KM steht einem
frühern liber der vorliegende 'libellus' gegenüber, nach JS

einer ersten Ausgabe des libellus die vorliegende zweite
desselben libellus. In der ættartala und in der konunga-æfi
(íbk 3¹) erblickt KM die im 'libellus' hinweggelassnen
Grundlagen zu Hauks Landnáma und chronologischen Geschlechtsregister der norweg. Könige, JS dagegen die erst
in dieser zweiten Ausgabe des libellus hinzugefügten
Genealogien der isländischen Bischöfe (íbk 13²⁰—14¹⁴) und
Geschlechtsregister der Ynglinger-könige (íbk 14¹⁵—29)¹;
ættartala 3⁴, meint JS, stimme selbst im Ausdrucke zur
Überschrift 13²⁰ und dass ættartala und konunga æfi, ebenso wie der Prolog, erst in der 2. Ausg. hinzugefügt worden,
bezeuge das: hér lýksk sjá bók (13²⁸) der 1. Ausg.

Während hiernach JS für die auf Are lautenden Citate
der spätern Historiker andre, für uns verloren gegangne
Werke Are's annimmt, erklärt KM die frühere, ausführlichere
Islendingabók als dasjenige Werk, dem jene Citate entnom-
men waren, und das noch im 13. und 14. Jahrh. vorhanden
gewesen.

Das was mich bestimmt der Vigfússon-Maurerschen Ansicht den Vorzug vor der Jón Sigurðssons zu geben, dessen
Beziehung von 'fyr utan' auf 'et sama' und Deutung von
'ættartala' und 'konunga æfi' zu folgen ich Bedenken tragen muss, — und sonach anzunehmen, dass Are nur ein
historisches Werk geschrieben, nämlich die Islendingabók,
diese aber in einer zweifachen Gestalt, einer ausführlichen
und der uns erhaltnen epitomirten, und dass in der ersteren
ausser dem Inhalte unseres libellus Alles enthalten war, worauf sich die spätern Citate jedenfalls der norweg. Geschichte,
höchst wahrscheinlich auch der isländischen beziehen, —
diess ist der Umstand, dass Snorre in der Vorrede zu seiner Hkr oder der Geschichte der norwegischen Könige, wenn
er von den Quellen für dieselbe spricht da, wo er Are's

---

¹ Nach dieser, JS's Ansicht können die WW: þá skrifaða ek þessa
of et sama far fyr utan ættartölu ok konunga æfi (íbk 3⁴) nicht an-
ders erklärt werden, als: da schrieb ich dieses (Isländerbuch) in derselben Art wie das frühere, abgesehen von (d. h: nur nicht insofern
von derselben Art wie das frühere) der erst in dieser zweiten Ausgabe
hinzugefügten ættartala und konunga-æfi.

gedenkt, doch ganz sicherlich dessen norwegischer Geschichts-
werke, wenn es deren gegeben, gedacht haben würde, nicht
aber — ohne jedwede nähere Bezeichnung — 'seines Buches
(sinnar bókar)' κατ' έξοχήν, nämlich der Íslendingabók (s:
oben, s. IX, Anm.), sofern nicht eben diese allein das hier
in Betracht kommende Material, nämlich die 'konunga ævi'
enthalten hätte, dieselben konunga ævi, die Are, wie es ein
paar Zeilen weiter heisst, nach den Angaben des Oddr
Kolsson 'schrieb', d. h: chronologisch bestimmte (s: oben,
s. VII), dieselben konunga ævi endlich, die er im 'libellus'
wieder wegliess. Dass aber auch die von Haukr Erlendsson
citirte Arische Grundlage seiner Landnámabók, die wir als
vorwiegend genealogischen Inhaltes anzunehmen auf
Grund der uns überlieferten Landnámur durchaus berechtigt
sind und die desshalb sehr wohl als 'ættartala' bezeichnet
werden konnte, — dass auch diese einen Bestandtheil jener
früheren, ausführlicheren Íslendingabók bildete, wenn diess
nicht nach dem ganzen Inhalt und Gepräge der vorliegenden höchst wahrscheinlich wäre, hat Maurer in den bereits
angeführten 'Quellenzeugnissen' besonders nachzuweisen ge-
sucht.

Wenn Maurer a. O. mehrere auf Are, sei es direct oder
indirect bezügliche Citate, die nur in der Íslendingabók
stehen konnten, aber in der unsrigen nicht gefunden werden, durch die Rückführung auf jene frühere Íslendingabók
zu berichtigen unternimmt, so möchten auch wohl einige
Schwierigkeiten unseres libellus auf diesem Wege gehoben
werden können. Einmal ist es jene Genealogie Haralds
(íbk 3⁵⁻¹²), die wenn sie nicht wie ich oben vermuthet ein
eingedrungnes Glossem, möglicherweise als ungestrichnes
Überbleibsel der früheren Íslendingabók zu erklären ist.
Ähnliches gilt mir von der räthselhaften Parenthese 4¹⁹⁻¹⁴:
en svá es sagt at Haraldr væri lxx vetra konungr ok yrþi
áttrœþr; dauerte die Abgabe der landaurar 70 Jahre? — während doch Ólafr helge (4²¹) sie nicht nur fortsetzte, sondern
auch erhöhte? Endlich: wenn Are 14¹³ von dem noch lebenden Bisch. þorlákr († 1133) spricht, gleichwohl 12²² die
Amtsperiode des Gesetzsprechers Guðmundr als zwölfjährig

(1123—1134) bezeichnet, so dass im ersteren Falle die Íslendingabók vor 1133, im letztern nach 1134 verfasst sein
müsste, so wird dieser Widerspruch gehoben, sobald wir die
erstere Angabe der früheren Íslendingabók zuschreiben, die
ohne verändert zu werden, in den libellus herübergekommen
(so auch Maurer — 'über die Entstehungszeit des Werkes'
— in: Altn. [Anm. 8] 57). Jón Sigurðsson vermuthet, dass
während Are 12²¹ bloss schrieb: en þá hafþe Guðmundr
þorgeirsson, erst ein Abschreiber die allerdings richtige Angabe: XII sumur hinzugefügt.

————————

Are's Isländerbuch ist uns in Papierhandschriften über-
liefert, die seit der Mitte des 17. Jahrh. datiren. Von ihnen
haben nur zwei kritischen Werth, indem die übrigen, sei es
unmittelbar oder mittelbar, aus diesen geflossen sind. Diese
beiden sind: cod. AM 113ᵇ, fol. (A) und cod. AM 113ᵃ,
fol. (B), beides Abschriften einer sehr alten, seitdem ver-
lornen Membrane und im Auftrage ihres ehemaligen Be-
sitzers, des isländ. Bischof Brynjólfr Sveinsson, von einem
Geistlichen gefertigt, Namens Jón Erlendsson zu Villingaholt,
im J. 1651; diess bezeugen dessen eigne Worte ('manu
propria') am Ende von B: 'þessar Schedæ Ara prestz fróda
og frásögn er skriffud epter hans eiginn handskrifft á bók-
felle (ad menn meina) í Villingahollti aff Jone p̄ Ellendssyne
Anno dñi 1651 mánudaginn næstann epter Dominicam jubi-
late. Jon Ellendsson p mpp' (Isl. I, 383).

Beide Abschriften stimmen im Wesentlichen überein und
unterscheiden sich nur dadurch, dass B die ältere und weniger genaue, A dagegen die wegen Unzulänglichkeit von B
durch Brynj. Sveinsson veranlasste zweite und in Folge dessen genauere und treuere ist; so urtheilte Arne Magnússon,
der desshalb seiner eignen Abschrift (cod. AM 366, 4°) die
letztere, A, zu Grunde legte und hierbei zugleich die wenigen Fehler verbesserte, die A und B in textkritischer Beziehung gemeinsam anhaften; sie sind am untern Rande
unsers Textes nach der Ausgabe von 1843 vollständig an-
gegeben.

Wenn es wegen dieser Fehler auch höchst unwahrscheinlich ist, dass jene dem Jón Erlendsson vorliegende Membrane, wie nach seinen Worten Manche damals meinten, Are's Autograph gewesen, so gehörte sie doch jedenfalls zu den ältesten isländischen Membranen, die sich bis dahin erhalten hatten. Denn so wenig man in Abschriften des 17. Jahrhunderts, und wären sie auch noch so genau, wie überhaupt so auch in diesen beiden der Íbk 'diplomatische' Genauigkeit im heutigen Sinne erwarten darf, so häufig man vielmehr, abgesehen von mehreren für das Original sehr unwahrscheinlichen Inconsequenzen, der isländischen Orthographie aus der Zeit des Abschreibenden begegnet, — nichtsdestoweniger ist das weit überwiegende Gepräge von Sprachform und Schreibweise in A wie B ein solches, dass ihr Original gar wohl dem 12. Jahrh. angehört haben mag.

Dieses Original in seiner sprachlichen, bez. orthographischen Form insoweit wieder herzustellen, als es auf Grund der Überlieferung von AB und in möglichst engem Anschlusse an dieselbe geschehen konnte, war das Ziel des letzten Herausgebers, Jón Sigurðsson, in den Íslendinga sögur I (Kjöbh. 1843), s. 3—20. Es galt hierbei nicht allein einer Reconstruction, einer Rückführung der alten Form, sondern auch einer gleichmässigen Durchführung derselben. Indem er hierbei A, als die genauere Abschrift zu Grunde legte, hat er unter gleichmässiger Berücksichtigung von B und der Emendationen von der Hand des Árne Magnússon und zugleich unter stätem Hinblick auf die sprachliche und orthographische Form, die wir aus den ältesten uns noch erhaltnen isländ. Membranen kennen lernen, einmal an die Stelle der neueren, der Zeit des Abschreibers angehörenden Formen die entsprechenden ältern treten lassen, andrerseits die charakteristisch-alten nicht nur in den betreff. Fällen aufgenommen, sondern auch nach Analogie dort hergestellt, wo sie entweder aus Inconsequenz des Originals oder durch den Abschreiber mit andern, sei es spätern oder auch gleichberechtigten vertauscht waren.

Die Vorrede der genannten Ausgabe enthält auf S. VII

bis XI eine Zusammenstellung der sprachlichen, der orthographischen und der graphischen Eigenthümlichkeiten von
AB, bez. der Membrane, während im Anhange sowohl eine
streng buchstäbliche Wiedergabe der Abschriften AB auf
s. 362—383, als auch einige Proben aus drei der ältesten isl.
Membranen (cod. reg. 1812, cod. Holm. 15, 4°, Reykjaholts
máldagi)[1] auf S. 384—392 zur Vergleichung mitgetheilt sind.

Es liegt in der Natur der Sache, dass bei gleicher Grundlage der beiden, doch keineswegs durchaus in sich überein-
stimmenden Abschriften A B und bei gleichem Ziele einer
orthographischen Reconstruction des Originals dennoch verschiedne Bearbeiter zu mehr oder minder verschiednem Re-
sultate gelangen werden. Eine solche Bearbeitung wird und
muss gerade in vorliegendem Falle immer ein subjectives
Gepräge tragen, abhängig von dem Umfang handschriftlicher
Erfahrung und dem Urtheile, das sich Jeder über die Zu-
lässigkeit der einen oder andern Erscheinung gebildet. Man
vergleiche nur die Texte der Íb in Isl. I (1829), 3—20 und
in Isl. I (1843), 3—20 und — nur einige Kapitel — in
Gislasons Pröver s. 505—509; alle drei streben auf gleicher

---

[1] Das Priesterverzeichniss aus cod. reg. 1812 und das Güterver-
zeichniss der Reykjaholter Kirche sind neuerdings auf das sorgfältigste
und mit sehr lehrreichen Einleitungen von Jón Sigurðsson herausgegeben worden im Dipl. Isl. I, 180—186 und 466—488, während der alte
werthvolle Homiliencodex, Holm. 15, 4°, wenn auch durch Rydquists
häufige Benutzung im 1. Bande seiner schwed. Grammatik bekannter
geworden, leider noch immer auf den kundigen Herausgeber wartet.
Dagegen sind in den letzten Jahrzehnten eine Anzahl andrer der ältesten
isländ. u. norweg. Membranen vollständig publicirt worden, z. B: die
Grágás (cod. reg. 1157, fol.) von Vilhj. Finsen Köbh. 1852, das Mirakel-
buch des isländ. Bisch. Thorlak (cod. AM 645, 4°) in Bisk. sög I, 333—
356 von Guðbr. Vigfússon, die norweg. Homilien (cod. AM 619, 4°, nebst
dem einen der beiden Blätter von cod. AM 237, fol.) von C. Unger,
Chra 1864, vor Allem aber die Fragmente der Elucidarius-Hdss. von
K. Gislason, dessen treffliche und mit den schätzbarsten Anmerkungen
begleitete Ausgabe in AnO 1858, 51—172, in diesen Tagen ein höchst
willkommnes Complement in dem photo-litograph. Abdruck des ältesten
Elucidarius (cod. AM 674 A, 4°) erhalten hat: Det Arna- magn. Haand-
skrift nr. 674 A, 4° — udgiv. i fotolitograf. Aftryk af Kommiss. for det
AM. Legat Köbh., Gyldendal 1869 VII, 66 ss. 8°.

Basis im Grund nach gleichem Ziel und doch eine wie verschiedne Gestalt desselben! Wäre mir daher zur Bearbeitung
des vorliegenden Textes auch längere Zeit vergönnt gewesen, ich würde dennoch es vorgezogen haben, mich der Bearbeitung eines auf dem Gebiete alt-isländischer Schrift und
Sprache so erfahrnen und kundigen Mannes, wie diess Jón
Sigurðsson ist, anzuschliessen, als — so sehr mich auch die
Aufgabe reizte — eine ganz neue und unabhängige auf der
Grundlage von AB zu unternehmen.

Ich habe daher Jón Sigurðssons Text in Isl. I (1843),
3 — 20, dessen erbetne Benutzung mir freundlichst gewährt
wurde, in vorliegender Ausgabe in allem Wesentlichen ge-
treu wiedergegeben und mir nur in zweifacher Hinsicht Abweichungen von demselben gestattet.

Einmal in Betreff gewisser Islandismen, für deren Einführung wie in den frühern Ausgaben der kgl. nord. Old-
skriftselskab, so auch in dieser der Íslendingasögur die Rück-
sicht auf den heutigen isländischen Leser und seine Aussprache
maassgebend sein mochte. Man schreibt áng, íng, úng damit nicht ang, ing (eng), ung (üng) gelesen werde, ebenso
überall ë, wo — gleichviel ob etymolog. kurzes oder langes
e — die heutige Aussprache den Laut je fordert; man schreibt
-ús (Markús), -ius (Gregorius), -ia (María), -ie (Hierusalem),
damit nicht ös (od. üs), nicht -jus, -ja, -je gelesen werde.
Nur das Erstere habe ich geändert und geschrieben: ang,
ing, ung und é (fékk usw.); vgl: Gíslason, frmp. 6—11 und
Guðbr. Vigfússon, Eyrb. Vorr. p. XLI. Streng-etymologische
Schreibung wäre auch zur Änderung der andern Fälle berechtigt gewesen; wo jene, rücksichtlich des é, mit der normalen simmte, habe ich fe, tre usw. in fé, tré geändert, wie
ich andrerseits dem heutigen o in kvom-, kvoð- usw. die
ursprüngl. Länge (ó = á) zurückgegeben. An die Stelle
des erst von Rask eingeführten vá (ván, vár, várt, váttr,
hvárt), entsprechend dem heutigen vo (von, vor usw.), habe
ich vá gesetzt.

Sodann glaubte ich in der Rückführung des Alten bezüglich einiger Punkte noch einen Schritt weiter gehen zu
dürfen, zum Theil durch das ausdrückliche und einstimmige

b*

Zeugniss von AB dazu aufgefordert. Es gilt diess zunächst von der Herstellung des ó, als des durch ein folgendes u, (u), U bewirkten Umlautes von á. Dieser Umlaut, aus dem 'sár — sór: vulnus — vulnera' in SE II, 18 zwar bekannt, doch als Umlaut erkannt und nachgewiesen erst von K. Gíslason[1], gehört fast nur der ältesten Sprache an und findet sich auch in dieser nur sporadisch; sein graphischer Ausdruck ist ein einfaches o, ó, ö oder ein durchstrichnes, mit oder ohne untergesetztes Häkchen. In diesen Formen erscheint er auch in AB der íb, wo er bereits von K. Gíslason wahrgenommen und in dem kleinen Abschnitte aus íb in seinen Pröver, nr. XXXIV, durchgeführt worden ist. Ich schrieb daher: bóro, fóm, róþ = báru, fá(u)m, ráþU s: s. 39. In Mós, Póls, Ólfs scheint das berechtigte ó des Nominativ auch in den Genetiv übergetreten. .

Ferner schrieb ich r statt rr in þeiri und þeira, etymologisch nicht weniger gerechtfertigt (goth: þizai und þizo), als durch das Zeugniss der älteren Membranen; Unger (Hkr) und Bugge.haben es bereits in die normale Orthographie aufgenommen.

Endlich: während in Isl. I, 3—20 o für u in Ableitung und Endung überall geschrieben, findet sich das entsprechende e für i nur auf Fälle wie Helge, fagre, fóstre, ríþande (nmsg. schw.) und auþœfe beschränkt. Ich würde nach dem Zeugnisse der ältesten Hddss. durchgängig e geschrieben haben, wenn das in AB weit überwiegende i mich nicht bestimmt hätte, in diesem Falle die Wahl zwischen e und i nach den Beobachtungen Ungers (Óh. 1849, p. IX) und Jón þorkelssons (Hauksbók p. XXI) zu regeln; ausserdem habe ich e behalten, wo es bereits J. S's Text (mit oder ohne AB) zeigte, i dagegen in ·iþ(it) und in -gi (auch degi: diei).

Weiterer Änderungen in dieser Richtung und einer durchgängigen Beseitigung einzelner kleiner Inconsequenzen habe

---

[1] s: K. Gíslason: AnO 1858, 90—95 u. 150, not. 6 und: Oldnord. Forml. § 41 vgl: Frmp. s. 141—183; Lyngby in: Philol. Tidskr. II (1861), 301—304; ausserdem: Svbj. Egilsson, lex poet. s. v. Sága(Fagrsk.), Maurer, Graag 66ª, nr. 4. Unger, Homil (Chra 1864), p. VI. S. Bugge, Sæm-E. p. IX—X u. X; 437* (Atlamál 97[4]).

ich mich absichtlich enthalten, da die Grundlage, für die
ich mich einmal entschieden, eben nicht AB, sondern der
Text in Isl. I, 3—20 war.

Indem ich rücksichtlich des orthographischen Verhält-
nisses, in dem der letztgenannte Text zu AB steht, auf die
Vorrede in Isl. I, p. VI—XI verweise, wird der Leser die
Abweichungen des vorliegenden sowohl von der normalen
Schreibweise als auch, so weit sie die 3 zuletzt genannten
Fälle betreffen, von J. S's Texte aus der Tabelle s. 39—40
ersehen können.

Die Übersetzung, die ich dem Texte beigefügt, sucht
deutsch zu sagen, was das Original isländisch sagt.
Indem sie dem seiner Sprache Unkundigen rücksichtlich des
Inhaltes einen sichern und zuverlässigen Ersatz, dem mit
ihr weniger Vertrauten in Verbindung mit dem Wörterver-
zeichniss ein Hilfsmittel zum Verständnisse des Originales
darbieten will, hat sie sich bemüht seinen eigentlichen Sinn
soweit nur immer möglich in einer correcten und zugleich
verständlichen Weise darzulegen, dagegen auf eine getreue
Nachbildung der Form und ihrer Eigenthümlichkeiten Ver-
zicht geleistet. Einige Wörter sind unübersetzt und in ihrer
fremden Form geblieben, da sie umschrieben eine unverhält-
nissmässige Bedeutung erlangt oder wörtlich übersetzt eine
jedenfalls irrige und dem Sinne des Originals fremde Auf-
fassung zur Folge gehabt; alle diese Wörter sind in den
Namen- und Wörterverzeichnissen erklärt.

Die Anmerkungen zur Übersetzung hätte ich, selbst um
den Schein eines Commentars zu vermeiden, am liebsten
weggelassen, hätte es mir nicht unrecht geschienen, die brief-
lichen Belehrungen, die mir mein Freund K. Maurer auf
meine mannichfachen Anfragen während der Arbeit zu Theil
werden lassen, soweit ich sie nicht bereits anderwärts im
Buche verwerthet, dem Leser vorzuenthalten. Im Übrigen
enthalten sie einige literarische Verweise, die sich weder an
ein Wort noch an einen Namen in deren Verzeichnissen an-
knüpfen liessen.

Für die Zeittafel ist ausser Munchs norweg. Geschichte
namentlich Gudbrand Vigfússons Abhandlung über das tíma-

tal í Íslendingasögum, im Safn I, 185—502 von mir benutzt worden.

Rücksichtlich der Register oder der Namen- und Wörterverzeichnisse habe ich nichts weiter zu bemerken, als dass ich in beiden alles Isländische mit normaler Orthographie geschrieben und desshalb die Abweichungen des Textes von derselben vorher besonders verzeichnet habe. Grammatische und lexicalische Belege finden sich in meinem Glossare (Lpz. 1866), auf das ich mir zu verweisen erlaube.

Was ich über die Karte zu sagen hätte, steht in der Anmerkung am Schlusse des Büchleins.

Für die von mir benutzten und angezognen Arbeiten K. Maurers, Gudbr. Vigfússons, Jón Sigurdssons habe ich mich nachstehender Abkürzungen bedient:

K. Maurer, Beitr.: Beiträge zur Rechtsgeschichte des german. Nordens, I: die Entstehung des Isländischen Staats und seiner Verfassung. München 1852.

Bekehr.: die Bekehrung des norweg. Stammes zum Christenthum. 2 Bde., ebd. 1855—56.

Isl. Volkss.: Isländ. Volkssagen der Gegenwart. Lpz. 1860.

Graag.: Artikel 'Graagaas' in der Hallischen Encyclopædie I. Sect., Bd. 77, s. 1—136 (1863).

Altnord.: über die Ausdrücke: altnordische, altnorweg. u. isländ. Sprache (Abhandl. der bayer. Akad. der Wiss.). München 1867.

Quell.: die Quellenzeugnisse über das erste Landrecht und über die Ordnung der Bezirksverfassung des isländischen Freistaates (Abhandl. der bayer. Akad. der Wiss.). München 1869

ausserdem Maurers Abhandlungen und Recensionen in: Pfeifers Germania Bd. I—XIV (s: XII, 498ᵇ) und in: Höpfner und Zachers Zeitschrift für deutsche Philologie Bd. I (1868).

Gudbr. Vigfússons Abhandl. über die Zeitrechnung in den Islendingasögur in: Safn til sögu Íslands og íslenzkra bókmenta usw. I. Kaupm. 1856; dazu seine Ausgaben der Fornsögur, Lpz. 1860, der Eyrbyggjasaga, ebd. 1864. und der Biskupasögur (Bp) I. Kpm. 1858.

Jón Sigurdssons Abhandl. über die isländ. Gesetzsprecher im Safn II, 1—250 (1860—61) und seine Ausgabe der isländ. Urkunden im Dipl. Isl.: Diplomatarium Islandicum (íslenzkt fornbréfasafn) I, s. 1—640 Kaupm. 1857—1862. s: auch oben s. 31, Anm. 15.

Ausserdem für norweg. u. isländ. Geschichte: P. A. Munch's Det norske Folks Historie I, 1. 2. II. III. IV, 1. 2. Christiania 1852—59 und für Genealogie und Chronologie der nordischen Könige: P. F. Königsfeldt, genealogisk-historiske Tabeller over de nordiske Rigers Kongeslægter. 2. Udg. Kjöbh. 1856. 4°.

INHALTS-ÜBERSICHT

ISLENDINGABOK

ARA PRESTS ENS FROÞA ÞORGILSSONAR

A : cod. AM. 113 b, fol
B : cod. AM. 113 a, fol
AM : Árni Magnússon
362—383 : A B *in* Ísl. I (1843), s. 362—383

Íslendingabóc görþa ec fyrst byscopom órom Þorláke 362
oc Catle oc sýndac bæþe þeim oc Sæmunþi preste. En meþ
því at þeim licaþe svá at hafa eþa þar viþr auca, þá scrif-
aþa ec þessa of et sama far, fyr utan ættartölo oc conunga
5 ææfe oc jóce* því es mer varþ siþan cunnara oc nú es gerr
sagt á þesse en á þeiri. En hvatke es missagt es i fræþom
þessom, þá es scylt at hafa þat holdr es saunara reynisc.

Hálfdan hvítbeinn Upplendingaconungr, sonr Ólafs tré-
telgjo Svíaconungs, vas faþer Aisteins frets, föþor Hálfdanar
10 ens milda oc ens matarilla, föþor Goþröþar veiþiconungs,
föþor | Hálfdanar ens svarta, föþor Haralds ens hárfagra es 363
fyrstr varþ þess kyns einn conungr at öllom Norvege.

In hoc codice continentur capitula

Frá Íslands bygþ j; frá landnámsmönnom ij, oc laga-
15 setning; frá alþingis setning iij; frá misseristale iiij; frá
fjórþunga deild v; frá Grœnlands bygþ vj; frá því es cristni
com á Ísland vij; frá byscopom útlendom viij; frá Ísleifi
byscope ix; frá Gizore byscope x*.

Incipit libellus Islandorum

20 1. Ísland bygþisc fyrst or Norvege á dögom Haralds
ens hárfagra, Hálfdanar sonar ens svarta, í þann tíþ — at
ætlon oc tölo þeira Teits, fóstra míns, þess manns es ec
cunna spacastan, sonar Ísleifs byscops, oc þorkels föþorbróþor
míns, Gellessonar, es langt munþi fram, oc Þoriþar Snorra
25 dóttor goþa, es bæþe vas margspöc oc óljúgfróþ — es Ívarr

---

5 joce *corr* AM joce A B   18 x *add* AM

1*

(1) Ragnars son loþbrócar lét drepa Eadmund enn helga Engla-
conung. En þat vas dccclxx vetrom * epter burþ Crists at
því es ritiþ es i sögo hans. Ingólfr hét maþr norœnn es
sannlega es sagt at fœre fyrst þaþan til Íslands, þá es Haraldr
enn hárfagre vas xvj vetra gamall, en i annat sinn fóm 5
vetrom siþarrγ hann bygþi suþr i Raikjarvic; þar es Ing-
364 ólfshöfþe | callaþr fyr austan Minþacsairi sem hann com
fyrst á land, en þar Ingólfsfell fyr vestan Ölfossó es hann
lagþe sina eigo á síþan. Í þann tíþ vas Ísland viþi vaxit
á miþli fjalls oc fjöro. þá vóro her menn cristnir þeir es 10
Norþmenn calla Papa, en þeir fóro siþan á braut af því at
þeir vildo eigi vesa her viþ heiþna menn oc léto epter bœcr
írscar oc bjöllor oc bagla; af því mátte scilja at þeir vóro
menn írscir. En þá varþ för manna micil mjöc út hingat
or Norvege til þess unz conungrinn Haraldr bannaþe af því 15
at honom þótte landauþn nema. þá sættusc þeir á þat at
hverr maþr scylþi gjalda conungi v aura sá es eigi være
frá því sciliþr, oc þaþan fœre hingat. En svá es sagt at
Haraldr være lxx vetra conungr oc yrþi áttrœþr. þau hafa
upphöf verit at gjalde því es nú es callat landaurar, en þar 20
galzc stundom meira, en stundom minna, unz Ólafr enn digre
görþe scirt at hverr maþr scylþi gjalda conunge hálfa mörc
sá es fœre á miþli Norvegs oc Íslands nema conor eþa þeir
menn es hann nœme frá. Svá sagþe þorkell oss Gellesson.

2. Hrollaugr, sonr Rögvalds jarls á Mœre, bygþi austr 25
365 á Síþo; þaþan ero Síþomenn comner. | Ketilbjörn Ketilsson,
maþr norœnn, bygþi suþr at Mosfelle cno öfra; þaþan ero
Mosfellingar comner. Öþr, dótter Ketils flatnefs, herses
norœns, bygþi vestr í Breiþafirþi; þaþan ero Breiþfirþingar
comner. Helgo enn magre, norœnn, sonr Eyvindar austmanns, 30
bygþi norþr í Eyjafirþi; þaþan ero Eyfirþingar comner. En
þá es Ísland vas viþa bygt orþit, þá hafþe maþr austrœnn
fyrst lög út hingat or Norvege sá es Úlfljótr hét — svá sagþe
Teitr oss — oc vóro þá Úlfljóts lög cölloþ; hann vas faþer
Gunnars es Djúpdœler ero comner frá í Eyjafirþi; en þau 35
vóro flest sett at því sem þá vóro Golaþingslög, eþa róþ

2 vetrom *add* AM

Þorleifs ens spaca Hörþacárasonar vóro til hvar viþ scylþi (2)
auca eþa af nema eþa annan veg setja. Úlfljótr vas austr
í Lóne; en svá es sagt at Grímr geitscór være fóstbróþer
hans sá es cannaþe ísland allt at ráþe hans áþr alþingi
5 være átt; en honom fécc hverr maþr pening til á lande her,
en hann gaf fé þat síþan til hofa.

3. Alþingi vas sett at ráþe Úlfljóts oc allra lands'manna 366
þar es nú es; en áþr vas þing á Kjalarnese þat es þorsteinn
Ingólfs son landnámamanns, faþer þorkels mána lögsögo-
10 manns, hafþe þar oc höfþingjar þeir es at því hurfo. En
maþr hafþe secr orþit of þræls morþ eþa leysings sá es land
átte í Bláscógom; hann es nefndr þórer croppinscegge, en
dóttorsonr hans es callaþr þorvaldr croppinscegge sá es fór
síþan í Austfjörþo oc brende þar inni Gunnar bróþor sinn;
15 svá sagþe Hallr Órækjoson; en sá hét Colr es myrþr vas,
viþ hann es kend geá sú es þar es cölloþ síþan Colsgeá sem
hræen fundusc; land þat varþ síþan allsherjarfé, en þat lögþo
landsmenn til alþingis naizlo; af því es þar almenning at
viþa til alþingis í scógom, oc á heiþom hage til hrossa hafnar.
20 þat sagþe Úlfheþinn oss. Svá hafa oc spaker menn sagt at
á lx vetra yrþi ísland albygt svá at eigi være meirr síþan.
því nær tóc Hramn lögsögo Hængssonr landnámamanns,
næstr Úlfljóte, oc hafþe xx sumor; hann vas or Rangárhverfe;
þat vas lx vetrom epter dráp Eadmundar conungs, vetre
25 eþa tveim áþr Haraldr enn hárfagre yrþi dauþr, at tölo
spacra manna. þórarenn Ragabróþer, sonr Óleifs hjalta, | tóc 367
lögsögo næstr Hramne oc hafþe önnor xx, hann vas borgfirþser.

4. þat vas oc þá es ener spöcosto menn á lande her
30 höfþo taliþ í tveim misserom fjóra daga ens fjórþa hunþraþs,
þat verþa vicor ij ens setta tegar, en mónoþr xij þritögnáttar
oc dagar iiij umbfram, þá mereþo þeir at sólargange at
sumaret munaþe aptr til vársens; en þat cunni engi segja
þeim at degi einom vas fleira en heilom vicom gegnþe í
35 tveim misserom, oc þat olle. En maþr hét þorsteinn surtr,
hann vas breiþfirþser, sonr Hallsteins þórólfs sonar mostrar-
sceggja landnámamanns oc Óscar þorsteinsdóttor ens rauþa;
hanú draimþi þat at hann hugþisc vesa at lögberge þá es

(4) þar vas fjölment oc vaca, en hann hugþi alla menn aþra sofa; en síþan hugþise hann sofna, en hann hugþi þá alla menn aþra vacna. þann draum réþ Ósyfr Helgason, móþorfaþer Gelles þorkelssonar, svá at aller menn mynþi þegja* meþan hann mælte at lögberge, en síþan es hann þagnaþe s ⟩
368 at þá mynþi aller þat róma | es haun hefþe mælt; en þeir vóro þáþer spaker menn mjöc. En síþan es menn qvómo til þings, þá leitaþe hann þess ráþs at lögberge at et sjaunda hvert sumar scylþi auca vico oc freista hve þá hlýddi. En svá sem Ósyfr réþ drauminn þá vócnoþo aller menn viþ þat 10 vel oc vas þat þá þegar í lög leidt at ráþe þorkels mána oc annarra spacra manna. At retto tale ero* í hverjo áre v dagar ens fjórþa hunþraþs, ef eigi es hlaupár, en þá einom fleira; en at óro tale verþa iiij; en þá es aiese at óro tale et sjaunda hvert at vico, en öngo at hino, þá verþa vij ór 15 saman jamnlöng at hvórotveggja; en ef hlaupór verþa ij á miþli þeira es auca scal, þa þarf auca et setta.

5. þingadeild mikil varþ á miþli þeira þórþar gelles, sonar Óleifs feilans, or Breiþafirþi oc Odds þess es callaþr vas Tungu-Oddr; hann vas borgfirþser. þorvaldr sonr hans 20 vas at brenno þorkels Blunketilssonar meþ Hœsna-þóre í Örnólfsdale; en þórþr geller varþ höfþingi at söcenne af því at Hersteinn þorkelsson Blunketilssonar átte þórunni systor-
369 dóttor hans; hon vas Helgo dóttor oc | Gunnars, systir Jófríþar es þorsteinn átte Egilsson. En þeir vóro sótter á 25 þingi því es vas í Borgarfirþi í þeim staþ es síþan es callat þingnes. þat vóro þá lög at vígsacar scylþi sœkja á því þingi es næst vas vettvange*; en þeir börþose þar oc mátte þingit eigi heyjase at lögom; þar féll þórólfr refr, bróþer Ólfs í Dölom, or liþi þórþar gelles. En síþan fóro sacarnar 30 til alþingis oc börþose þeir þar þá enn; þá féllo menn or liþi Odds; enda varþ secr hann Hœsna-þórer oc drepenn síþan oc fleiri þeir at brennunni vóro. þá talþe þórþr geller tölo umb at lögberge hve illa mönnom gegnþe at fara í ócunn þing at sœkja of víg eþa harma sína oc talþe hvat 35

---

4 þegja cod. reg. 1812 (Isl. I, 385 ¹¹); þegn varþ AB   12 ero
om AB   28 vettvangi corr AM vettvagi B veitvagi A

honom varþ fyrir áþr hann mætte því málo til laga coma (5)
oc qvaþ ymissa vandræþe munþo verþa, ef eigi réþese bœtr
á. þá vas landeno scipt í fjórþunga svá at iij urþo þing í
hverjom fjórþungi, oc scylþo þingonautar eiga hvar saesóener
5 saman, nema í Norþlendinga fjórþungi vóro iiij af því at
þeir urþo eigi á annat sátter; þeir es fyr norþan vóro
Eyjafjörþ vilþo eigi þangat sœkja þingit oc eigi í Scagafjörþ
þeir es þar vóro fyr vestan; en þó scylþi jǫfn dómnefna | oc 370
lögrettoscipon or þeira fjórþungi sem or einomhverjom
10 öþrom; en síþan vóro sett fjórþungarþing; svá sagþe oss
Ulfheþinn Gunnarsson lögsögomaþr. Þorkell máne Þorsteinsson Ingólfssonar tóc lögsögo epter Þóraren Ragabróþor oc
hafþe xv sumor. Þá hafþe Þorgeirr at Ljósavatne Þorkelsson xvij sumor.

15 6. Land þat es callat es Grœnland fannse oc bygþise
af Íslande. Eiríer enn rauþe hét maþr breiþfirþser es fór
út heþan þangat oc nam þar land es síþan es callaþr Eiríes-
fjörþr; hann gaf nafn landeno oc callaþe Grœnland oc qvaþ
menn þat mynþo fýsa þangat farar at landet œtte nafn gott.
20 þeir fundo þar manna vistir bæþe austr oc vestr á lande,
oc keiplabrot oc steinsmíþi þat es af því má scilja at þar
hafþe þessconar þjóþ farit es Vínland hefer bygt oc Grœnlendingar calla Scrælinga. En þat vas, es hann tóc byggva
landet, xiiij vetrom eþa xv fyrr en cristni qvæme her á
25 Ísland at því es sá talþe fyr Þorkelo Gellessyni á Grœnlande
es sjálfr fylgþi Eiríki enom rauþa út.

7. Ólafr rex Tryggvason Ólafssonar Haralds sonar ens
hárfagra com cristni í Noreg oc á Ísland. Hann sende
hingat til lands prest þann es hét Þangbranþr oc her | kenþe 371
30 mönnom cristni oc scírþi þá alla es viþ trú tóco. En Hallr
á Síþo Þorsteinsson lét scírase snimhendis, oc Hjalte
Sceggjasonr or Þjórsárdale oc Gizor enn hvíte Teitsson Ketilbjarnar sonar frá Mosfelle oc marger höfþingjar aþrer; en þeir
vóro þó fleiri es í gegn mælto oc neitto. En þá es hann
35 hafþe her verit einn vetr eþa ij, þá fór hann á braut oc
hafþe vegit her ij menn eþa iij þá es hann höfþo nídt. En
hann sagþe conunginom Ólafe, es hann com austr, allt þat
es her hafþe yfir hann gingit oc lét örvænt at her mundi

(7) cristni enn tacase. En hann varþ viþ þat reiþr mjöc oc
ætlaþe at láta meiþa eþa drepa ossa landa fyrir, þá es þar
vóro austr. En þat sumar et sama qvómo utan heþan þeir
Gizor oc Hjalte oc þógo þá undan viþ conungenn oc héto
honom umbsýslo sinni til á nýja leic at her yrþi enn viþ 5
cristninni tekiþ, oc léto ser eigi annars vón en þat* munþi
hlýþa. En et næsta sumar epter fóro þeir austan oc prestr
sá es þormóþr hét oc qvómo þá i Vestmannaeyjar es x
vicor vóro af sumri, oc hafþe allt farize vel at; svá qvaþ
Teitr þann segja es sjálfr vas þar. þá vas þat mælt et 10
372 næsta sumar áþr i lögom at menn scylþi svá coma til alþingis
es x vicor være af sumri, en þangat til qvómo menn* vico
fyrr. En þeir fóro þegar inn til meginlands oc siþan til
alþingis oc góto at Hjalta at hann vas epter í Laugardale
meþ xijta mann af því at hann hafþe áþr secr orþit fjör- 15
baugsmaþr et næsta sumar á alþingi of goþgó; en þat vas
til þess haft at hann qvaþ at lögberge qviþling þenna:

vil ec eigi goþ göja
grai þykir mer Fraija

En þeir Gizor fóro unz þeir qvómo i staþ þann i hjá Ölfoss- 20
vatne es callaþr es Vellancatla oc görþo orþ þaþan til þings
at á mót þeim scylþi coma·aller fulltingsmenn þeira, af því
at þeir höfþo spurt at andscotar þeira vilþi verja þeim vígi
þingvöllenn. En fyrr en þeir føre þaþan þá com þar
ríþande Hjalte oc þeir es epter vóro meþ honom. En siþan 25
riþo þeir á þingit oc qvómo áþr á mót þeim frændr þeira
oc vinir sem þeir höfþo æst. En ener heiþno menn hurfo
saman meþ alvæpne oc hafþe svá nær at þeir munþi berjase
at eigi* of sá á miþli. En annan dag epter gengo þeir Gizor
oc Hjalte til lögbergs oc bóro þar upp erinþi sin; en svá 30
373 es sagt at þat bære frá hve vel þeir mælto. | En þat görþese
af því at þar nefnþe annarr maþr at öþrom vátta oc sögþose
hvárer or lögom viþ aþra, ener cristno menn oc ener heiþno,
oc gingo siþan frá lögberge. þá bóþo ener cristno menn
Hall á Siþo at hann scylþi lög þeira upp segja þau es 35

6 þat corr AM þar AB   12 menn add AM   29 eigi add AM

cristninni scylþi fylgja; en hann leystise því unþan viþ þá (7)
at hann caypti at þorgeiri lögsögomanne at hann scylþi upp
segja, en hann vas enn þá heiþinn. En síþan es menn qvómo
í búþir, þá lagþese hann niþr þorgeirr oc breiddi felþ sinn
5 á sic oc hvílþi þann dag allan oc nóttina epter oc qvaþ ecki
orþ. En of morgonenn epter settese hann upp oc görþe orþ
at menn scylþi ganga til lögbergis. En þá hóf hann tölo
sína upp es menn qvómo þar, oc sagþe at honom þótte þá
comit hag manna í ónýtt efne ef menn scylþi eigi hafa aller
10 lög ein á lande her, oc talþe fyrir mönnom á marga vega at
þat scylþi eigi láta verþa oc sagþe at þat munþi at því
ósætte verþa es vísa vón vas at þær barsmíþir görþese á
miþli manna es landet cyddise af. Hann sagþe frá því at
conungar or Norvege oc or Danmörco höfþo haft ófriþ oc
15 orrostor á miþli sín langa tíþ til þess unz landsmenn görþo
friþ á miþli þeira þótt þeir vilþi eigi; en þat ráþ görþese
svá at af stundo senþ ose þeir gersemar á miþli, enda hélt 371
friþr sá meþan þeir lifþo; en nú þyckir mer þat ráþ, qvaþ hann,
at ver látem oc eigi þá ráþa es mest vilja í gegn gangase,
20 oc miþlom svá mól á miþli þeira at hvárertveggjo hafe nacqvat
síns máls oc höfom aller ein lög oc einn siþ; þat mon verþa
satt, es ver slítom í sunþr lögen, at ver monom slíta oc
friþinn. En hann lauc svá mále síno at hvárertveggjo jótto
því at aller scylþi ein lög hafa þau sem hann réþe upp at
25 segja. þá vas þat mælt í lögom at aller menn scylþi cristnir
vesa oc scírn taca þeir es áþr vóro óscirþir á lande her; en
of barna útburþ scylþo stanþa en forno lög oc of hrossakjöts
át; scylþo menn blóta á laun ef vilþo, en varþa fjörbaugs-
garþr ef vóttom of qvæme viþ; en síþar fóm vetrom vas
30 sú heiþni af numin sem önnor. þenna atburþ sagþe Teitr
oss at því es cristni com á Island. En Ólafr Tryggvason
féll et sama sumar at sögo Sæmunþar prests; þá barþese
hann viþ Svein Haraldsson Danaconung oc Ólaf enn sœnsca
Eiricsson at Uppsölom Svíaconung * oc Eiríc es síþan vas
35 jarl at Norvege Háconarson; þat vas cxxx vetrom epter
dráp Eadmundar, en N epter burþ Crists at alþýþo tale.

34 -cohungs AB

375   8. Þesse ero nöfn byscopa þeira es verit hafa á | Íslande
útlender, at sögo Teits: Friþreer com í heiþni her; en þesser
vóro siþan: Bjarnharþr enn bóevisi v ór; Colr fó ór; Hroþólfr
xix ór; Jóhann enn írsci fó ór; Bjarnharþr xix ór; Heinreer
ij ór. Enn qvómo her aþrer v þeir es byscopar qvóþose s
vesa: Örnólfr oc Goþiscólcr, oc iij crmseer: Petrus oc Abraham oc Stephanus.

    Grimr at Mosfelle Svertingsson tóc lögsögo epter Þorgeir
oc hafþe ij sumor, en þá fécc hann lof til þess at Scapte
Þóroddsson hefþe systorson hans af því at hann vas hásmæltr 10
sjálfr. Scapte hafþe lögsögo xxvij sumor; hann sette fimtardóms lög oc þat at engi veganþe scylþi lýsa vig á hendr
öþrom manne en ser; en áþr vóro her slíc lög of þat sem
í Norvege. Á hans dögom urþo marger höfþingjar oc ricismenn
seker eþa landflótta af vig eþa barsmíþir af ríkis sócom 15
hans oc landstjórn; en hann andaþesc á eno sama áre oc
Ólafr enn digre féll Haraldsson Goþröþarsonar Bjarnarsonar
Haralds sonar ens hárfagra, xxx vetrom siþar en Ólafr félle
Tryggvason. Þá tóc Steinn Þorgestesson lögsögo oc hafþe
iij sumor; þá hafþe Þorkell Tjörvason xx sumor; þá hafþe 20
Geller Bölveresson ix sumor.

376   9. Ísleifr Gizorar son ens hvíta vas vigþr til byscjops
á dögom Haralds Norvegs conungs Sigurþarsonar Hálfdanar-
sonar Sigurþar sonar hrísa Haralds sonar ens hárfagra. En
es þat só höfþingjar oc góþer menn at Ísleifr vas myclo 25
nýtri en aþrer kennemenn þeir es á þvísa lande næþe, þá
selþo honom marger sono sína til læringar oc léto vigja til
presta; þeir urþo siþan vigþir ij til byscopa: Colr* es vas í
Víc austr, oc Jóan at Hólom. Ísleifr átte iij sono; þeir urþo
aller höfþingjar nýtir: Gizor byscop oc Teitr prestr faþer 30
Halls oc Þorvaldr. Teit fædde Hallr í Haucadale sá maþr
es þat vas almælt at mildastr være oc ágæztr at góþo á
lande her ólærþra manna. Ec com oc til Halls vij vetra
gamall, vetre epter þat es Geller Þorkelsson föþorfaþer minn
oc fóstre andaþesc oc vasc þar xiiij vetr. Gunnarr enn spake 35
hafþe tekiþ lögsögo þá es Geller lét af, oc hafþe iij sumor;

_____

28 Colr *corr* AM Collr AB   31 Þorvaldr *corr* AM Þorvallz AB

þá hafþe Colbeinn Flosason vj; þat sumar es hann tóc lög- (9) sögo féll Haraldr rex á Englande. þá hafþe Geller í annat sinn iij sumor; þá hafþe Gunnarr í annat sinn j sumar; þá hafþe Sighvatr Surtsson systorson Colbeins viij. Á þeim dögom com Sæmunþr Sigfússon sunnan af Fraclande hingat til lands oc lét síþan vígjase til prests. ' Isleifr vas vígþr 377 til byscops þá es hann vas fimtögr; þá vas Leo septimus páve; en hann vas enn næsta vetr í Norvege oc fór síþan út hingat, en hann andaþese í Scálaholte þá es hann hafþe alls verit byscop iiij vetr oc xx; svá sagþe Teitr oss; þat vas á dróttens degi, vj nóttom epter hótíþ þeira Petrs oc Póls, lxxx vetra epter Ólafs fall Tryggvasonar; þar vas ec þá meþ Teite fóstra mínom xij vetra gamall. En Hallr sagþe oss svá es bæþe vas minnigr oc ólýginn oc munþi sjálfr þat es hann vas scírþr at þangbranþr scírþi hann þrevetran; en þat vas vetre fyrr en cristni være her í lög tekin. En hann görþe bú þritögr oc bjó lxiiij vetr í Haucadale oc hafþe xciiij vetr þá es hann andaþese; en þat vas of hótíþ Martens byscops á enom x. vetre epter andlát Isleifs* byscops.

10. Gizor byscop sonr Isleifs vas vígþr til byscops at bæn landsmanna á dögom Ólafs conungs Haraldssonar, ij vetrom epter þat es Isleifr andaþese; þann vas hann annan her á lande en annan á Gautlande; en þá vas namn hans rætt at hann hét Gisröþr; svá | sagþe hann oss. Marcús 378 Sceggjason hafþe lögsögo næstr Sighvate oc tóc þat sumar es Gizor byscop hafþe einn vetr verit her á lande, en fór meþ iiij sumor oc xx. At hans sögo es scrifoþ æfe allra lögsögomanna á bóc þesse þeira es vóro fyr várt minni; en honom sagþe Þórarenn bróþer hans oc Scegge faþer þeira oc fleiri spaker menn til þeira æfe es fyr hans minni vóro at því es Bjarne enn spake hafþe sagt föþorfaþer þeira es munþe Þóraren lögsögomann oc vj aþra síþan. Gizor byscop vas ástsælle af öllom landsmönnom en hverr maþr annarra þeira es ver vitom* her á lande hafa verit; af ástsælþ hans oc af tölom þeira Sæmunþar meþ umbráþe

---

19 Isleifs *add* AM   35 vitam (?!) AB

(10) Marcús lögsögomanns vas þat i lög leidt at aller menn tölþo
oc virþo allt fé sitt oc sóro at rett virdt være hvárt sem
vas i löndom eþa i lausaaurom oc görþo tiund af siþan. þat
ero miclar jarteener hvat hlýþnir landsmenn vóro þeim manne
es hann com þvi fram at fé allt vas virdt meþ svardögom [5]
þat es á Íslande vas oc landet sjálft oc tiundir af görvar oc
lög álögþ at svá seal vesa meþan Ísland es bygt. Gizor
379 byscop lét oc lög leggja á þat at stóll byscops ǀ þess es á
Íslande være scylþi i Scálaholte vesa, en áþr vas hvergi oc
lagþe hann þar til stólsens Scálaholts land oc margra kynja [10]
auþæfe önnor bæþe i löndom oc i lausom aurom. En þá es
honom þótte sá staþr hafa vel at auþæfom þróaze, þá gaf
hann meirr en fjórþung byscopsdóms síns til þess at helþr
være ij byscopsstólar á lande her en einn, svá sem Norþ-
lenþingar æsto hann til; en hann hafþe áþr látiþ telja búendr [15]
á lande her oc vóro þá i Austfirþinga fjórþungi vij hundroþ
heil, en i Rangæinga fjórþungi x, en i Breiþfirþinga* fjórþungi
ix, en í Ayfirþinga fjórþungi xij; en ótalþer vóro þeir es
eigi ótto þingfararcaupi at gegna of allt Ísland. Úlfheþinn
Gunnars son ens spaka tóc lögsögo epter Marcús oc hafþe [20]
ix sumor; þá hafþe Bergþórr Hrafnsson vj; en þá hafþe
Goþmundr Þorgeirsson xij sumor. Et fyrsta sumar es Bergþórr sagþe lög upp vas nýmæle þat gört, at lög ór scylþi
scrifa á bóc at Haflida Móssonar of vetrenn epter at sögo
oc umbráþe þeira Bergþórs oc annarra spacra manna þeira [25]
es til þess vóro teener. Scylþo þeir görva nýmæle þau öll
i lögom es þeim litise þau betre en en forno lög; scylþi þau
380 segja ǀ upp et næsta sumar epter í lögretto oc þau öll halda
es enn meiri hlutr manna mælte þá eigi gegn. En þat varþ
at framfara at þá vas scrifaþr Vígslóþe oc margt annat i [30]
lögom oc sagt upp í lögretto af kennemönnom of sumaret
epter; en þat licaþe öllom vel oc mælte því mangi i gegn.
þat vas oc et fyrsta sumar es Bergþórr sagþe lög upp, þá
vas Gizor byscop óþingfærr af sótt, þá sende hann orþ til
alþingis vinom sinom oc höfþingjom at biþja scylþi þorlác [35]
Runólfsson þorleiks sonar bróþor Halls i Haucadale at hann

---

17 Breiþfirþinga *corr* AM Breiþinga A B

scylþi láta vígjasc til byscops; en þat gerþo aller svá sem (10)
orþ hans qvómo til oc fécsc þat af því at Gizor hafþo sjálfr
fyrr mjöc beþit oc fór hann utan þat sumar, en com út et
næsta epter oc vas þá vígþr til byscops. Gizor vas vígþr
5 til byscops þá es hann vas fertögr; þá vas Gregorius septimus pape; en síþan vas hann enn næsta vetr í Dannmörco
oc com of sumaret epter hingat til lands. En þá es hann
hafþe verit xxiiij vetr byscop, svá sem faþer hans, þá vas
Jóan Ögmunþarson vígþr til byscops, fyrstr til stóls at Hólom;
10 þá vas hann vetre miþr en hálfsextögr*. En xij vetrom síþar
þá es Gizor hafþe alls verit byscop xxxvj vetr, þá vas þorlácr
vígþr til byscops; | hann lét Gizor vígja til stóls í Scálaholte 381
at ser lifanda; þá vas þorlácr ij vetrom meir en xxx. En
Gizor byscop andaþesc xxx nóttom síþar í Scálaholte, á enom
15 þriþja degi í vico, v*. kalend. junii. Á því áre eno sama
obiit Paschalis secundus pape, fyrr en Gizor byscop, oc
Baldvine Jórsalaconungr oc Arnaldus patriarcha í Híerúsalem
oc Philippus Sviaconungr, en síþar et sama sumar Alexíus
Grickjaconungr; þá hafþe hann xxxviij vetr setiþ at stóle í
20 Miclagarþe; en ij vetrom síþar varþ alþamót; þá höfþo þeir
Eysteinn oc Sigurþr verit xvij vetr conungar í Norvege epter
Magnús, föþor sinn, Ólafsson Haraldssonar; þat vas cxx
vetrom epter fall Ólafs Tryggvasonar, en ccl epter dráp
Eadmundar Englaconungs, en dxvi vetrom epter andlát Gre-
25 gorius páva þess es cristni com á England at því es taliþ
es; en hann andaþesc á öþro áre konungdóms Fóco keisara,
dciiij vetrom epter burþ Crists at almanna tale; þat verþr
allt saman mcxx ór. Her lycsc sjá bóc.

_____

þetta es cyn byscopa Islendinga oc ættartala:

30 Ketilbjörn landnámsmaþr sá es bygþi suþr at Mosfelle
eno öfra, vas faþer Teits, föþor Gizorar ens hvíta, föþor
Ísleifs es fyrstr vas byscop í Scálaholte, föþor Gizorar byscops.

_____

10 halfsextögr corr AM halffertogr A B   16 v add AM

382 | Hrollaugr landnámsmaþr sá es bygþi austr á Siþo á
Breiþabólstaþ vas faþer Özorar, föþor Þórdisar, móþor Halls
á Siþo, föþor Egils, föþor Þorgerþar, móþor Jóans es fyrstr
vas byscop at Hólom.

Öþr landnámscona, es bygþi vestr í Breiþafirþi í Hvamme, 5
vas móþer Þorsteins ens rauþa, föþor Óleifs feilans, föþor
Þórþar gelles, föþor Þórhilþar rjúpo, móþor Þórþar hesthöfþa,
föþor Carlsefnes, föþor Snorra, föþor Hallfriþar*, móþor
Þorlács es nú es byscop í Scálaholte, næstr Gizore.

Helge enn magre landnámamaþr sá es bygþi norþr í 10
Eyjafirþi í Cristnese vas faþer Helgo, móþor Einars, föþor
Eyjólfs Valgerþarsonar, föþor Goþmunþar, föþor Eyjólfs,
föþor Þorsteins, föþor Ketils es nú es byscop at Hólom,
næstr Jóanne.

Þesse ero nöfn langfeþga Ynglinga oc Breiþfirþinga: 15

j Yngve Tyrkjaconungr; ij Njörþr Svíaconungr; iij Frayr;
iiij Fjölner sá es dó at Friþ-Fróþa; v Svegþer; vj Vanlande;
vij Visburr; viij Dómaldr; ix Dómarr; x Dyggve; xj Dagr;
xij Alrecr; xiij Agne; xiiij Yngve; xv Jörundr; xvj Aun enn
gamle; xvij Egill vendilcráca; xviij Óttarr; xix Aþisl at Upp- 20
383 sölum; xx | Eysteinn; xxj Yngvarr; xxij Braut-Önundr; xxiij
Ingjaldr enn illráþe; xxiiij Ólaf̔r trételgja; xxv Hálfdan hvítbeinn Upplendingaconungr; xxvj Goþröþr; xxvij Ólafr; xxviij
Helge; xxix Ingjaldr, dóttorsonr Sigurþar Ragnars sonar loþbrócar; xxx Óleifr enn hvíte; xxxj Þorsteinn enn rauþe; 25
xxxij Óleifr feilan es fyrstr bygþi þeira á Íslandé; xxxiij
Þórþr geller; xxxiiij Eyjólfr es scírþr vas í elle sinni þá es
cristni com á Ísland; xxxv Þorkell; xxxvj Geller faþer þeira
Þorkels oc* Brands oc Þorgils, föþor míns, en ec heiter Are.

- - - - -

8 Hallfriþar AM Hallfiþar A B   29 oc *corr* AM f [i. e. foþor] A B

ARE'S ISLÄNDERBUCH

(Prolog)

Ein 'Isländerbuch' verfasste ich zuerst für unsere Bischöfe Thorlak und Ketil und zeigte es diesen sowohl als auch dem Priester Sämund. Da es ihnen in seiner Gestalt gefiel oder aber in erweiterter, schrieb ich das vorliegende von gleicher Art, nur ohne Geschlechtsregister und Leben der Könige, und fügte hinzu was ich seitdem besser kennen lernte und nunmehr in diesem genauer als in jenem berichtet ist. Denn sofern in solcherlei geschichtlichen Mittheilungen irgend Etwas irrig angeführt worden, gehört es sich, sich vielmehr an das zu halten, was sich als Richtigere erweist.

(Genealogie König Haralds des Haarschönen)

Der Upplendingerkönig Halfdan Hvitbein, Sohn des Schwedenkönigs Olaf Tretelgja, war der Vater von Eystein Fret, dem Vater von Halfdan dem Freigebigen und Kostkargen, dem Vater von Gudröd dem Jagdkönig, dem Vater von Halfdan dem Schwarzen, dem Vater von Harald dem Haarschönen, welcher der erste dieses Geschlechtes alleiniger König über ganz Norwegen wurde.

(Inhaltsangabe der Kapitel)

1. Von Islands Besiedelung, 2. von den Ansiedlern und der Gesetzgebung, 3. von der Errichtung des Alding, 4. von der Jahresberechnung, 5. von der Eintheilung der Insel in Viertel, 6. von Grönlands Besiedelung, 7. von der Ankunft des Christenthums auf Island, 8. von den fremden Bischöfen, 9. von Bischof Isleif, 10. von Bischof Gizur.

('Libellus Islandorum')

1. Island wurde zuerst von Norwegen aus besiedelt[1] in den Tagen Haralds des Haarschönen, des Sohnes Halfdan des Schwarzen; das war damals — so meinen und versichern Teit, des Bischofs Isleif Sohn, mein Pflegebruder, der verständigste Mann den ich kennen lernte, und Thorkel, Gelle's Sohn und meines Vaters Bruder, der sich weit zurückerinnern konnte, und Thorid die Tochter des Goden Snorre, eine ebenso vielwissende als wahrhaftige Frau — damals, als Ivar, Sohn des Ragnar Lodbrok, Edmund den Heiligen, König der Angeln, erschlagen liess. Das geschah aber 870 Winter nach Chr. Geb., wie diess in seiner Geschichte[2] geschrieben steht. Ingolf hiess er, ein Norweger, von dem in glaubhafter Weise gesagt wird, dass er zum erstenmale von Norwegen nach Island schiffte damals als Harald der Haarschöne 16 Winter alt war, aber zum zweitenmale einige Winter später; er siedelte im Süden der Insel in Reykjarvik; Ingolshöfde, ostwärts von Minthakseyre, heisst der Ort, wo er zuerst ans Land kam, aber Ingolfsfell, westwärts von der Ölfussau, das er sich nachher aneignete. In jener Zeit war Island auf den Strecken zwischen Gebirg und Strand mit Wald bewachsen.[3] Da lebten hier Christen, von den Norwegern 'Papen' genannt; sie verliessen jedoch nachher die Insel, weil sie nicht mit Heiden hier leben wollten, und hinterliessen irische Bücher und Glocken und Krummstäbe, woraus man erkennen konnte, dass es Irländer waren. Es begann nun aber damals eine sehr bedeutende Auswanderung von Norwegen hier heraus nach Island, bis dass König Harald, weil er eine Verödung des Landes fürchtete, einen Bann darauf legte. Man verglich sich beiderseits dahin, dass Jeder, der von dort hierher zöge, dem Könige — falls er nicht davon befreit würde — 5 Ören zahlen sollte; aber Harald, wie berichtet wird, war 70 Winter König und wurde 80 Jahr alt. So ist die Abgabe entstanden, die heutzutage Landören genannt wird; es wurde da bald mehr, bald minder gezahlt, bis Olaf der Dicke die Bestimmung traf, dass abgesehen von den Frauen und denen, die er selber davon befreite, Jedermann der die Fahrt zwischen Norwegen und Island machte dem Könige eine halbe Mark zahlen sollte. So berichtete uns Thorkel, Gelle's Sohn.

2. Hrollaug, der Sohn des Jarlen Rögnvald zu Möre, (2) siedelte im Osten der Insel, in Sida; daher stammen die Sidaleute. Ketilbjörn, Ketil's Sohn ein Norweger, siedelte im Süden, in Ober-Mosfell; daher stammen die Mossfellinger. Aud, die Tochter des Ketil Flatnef, eines norwegischen Hersen, siedelte im Westen, am Breidefjord; daher stammen die Breidfirdinger. Helge der Magere, ein Norweger, der Sohn des Ostländers Eyvind siedelte im Norden, im Eyjafjord; daher stammen die Eyfirdinger.

Als nun Island weit umher besiedelt war, da brachte ein ostländischer Mann zuerst Gesetze hierher aus Norwegen, Namens Ulfljot — wie uns Teit diess berichtete — und hiessen sie deshalb Ulfljots Gesetze; er war der Vater des Gunnar, von dem die Djupdöler im Eyjafjord stammen; diese Gesetze aber waren zum grössten Theil den damaligen Gulading-gesetzen nachgebildet, nur dass man Thorleif den Weisen, Sohn des Hörda-kare, mitberathen liess, wo man hinzusetzen oder hinwegnehmen oder auch ändern sollte. Ulfljot wohnte im Osten, in Lou; Grim Geitsko war, wie es heist, sein Pflegebruder, derselbe der, bevor man das Alding hatte, auf seinen Rath ganz Island bereiste; jedermann hier zu Lande gab ihm einen Pfennig[4], er aber schenkte hierauf diess Geld an die Tempel.

3. Das Alding[5] wurde nach Ulfljots und der Einwohner gemeinsamen Beschlusse eingerichtet und zwar da wo es heutzutage ist[6]; vorher gab es eine Dingstätte zu Kjalarnes, die dem Thorstein gehörte, dem Sohne des Ansiedlers Ingolf und Vater vom Gesetzsprecher Thorkel Mane, und den benachbarten Häuptlingen. Es war aber ein Mann, der ein Stück Land in den Blaskogar besass, wegen Ermordung eines sei es Knechtes oder Freigelassenen verurtheilt worden; jener Mann hiess Thore Kroppinskegge — sein Tochtersohn, der später nach den Austfirder zog und dort an seinem Bruder Gunnar einen Mordbrand beging, hiess (mit demselben Beinamen) Thorvald Kroppinskegge —, so sagte Hall des Orökja Sohn; der aber, der ermordet worden, hiess Kol; nach ihm führt die später sogenannte Kols-Kluft, wo der Leichnam gefunden wurde, ihren Namen. Jenes Stück Land nun, was seitdem Gemeinbesitz geworden, bestimmten die Isländer zum Gebrauch für das Alding; deshalb darf Jedermann aus den dor-

(3) tigen Wäldern seinen Holzbedarf für das Alding holen und auf den Haiden ist Weideplatz um die Pferde grasen zu lassen. Diess berichtete uns Ulfhedin.

Auch das haben uns kluge Männer berichtet, dass Island nach 60 Jahren so weit vollständig besiedelt war, als es diess überhaupt jemals wurde.

Um diese Zeit übernahm Hrafn aus dem Rangarhverfe, der Sohn des Ansiedlers Häng, zunächst nach Ulfljot[7] das Amt des Gesetzsprechers und führte es 20 Sommer hindurch; diess geschah nach der Berechnung kundiger Männer 60 Winter nach dem Tode des König Edmund, 1 oder 2 ehe Harald der Haarschöne starb. Nächst dem Hrafn wurde Thorarin, Rage's Bruder, aus dem Borgfjord Gesetzsprecher und blieb es eben auch 20 Sommer.

4. In diese Zeit fällt es auch[8], dass — indem man hier zu Lande in zwei Halbjahren 364 Tage gezählt, also 52 Wochen oder 12 Monate zu je 30 Nächten (oder Tagen) und 4 Tage darüber —, dass da die klügsten Leute an dem Gange der Sonne wahrnahmen, wie der Sommer immer mehr und mehr in den Frühling zurücktrat, ohne dass ihnen Jemand sagen konnte, dass der Grund hiervon darin lag, dass für 2 Halbjahre die 52 vollen Wochen nur durch den Mehrbetrag eines Tages passten. Da war ein Mann, Namens Thorstein Surt, ein Breidfirdinger, Sohn des Hallstein — des Sohnes von Thorolf Mostrarskegge, dem Ansiedler — und der Osk, der Tochter Thorsteins des Rothen; dem träumte, er wäre auf dem 'Lögberg' gerade als viel Volk versammelt war, und er wache, während alle übrigen schliefen; aber nachher wäre er selber eingeschlafen, während alle übrigen wach wurden. Diesen Traum deutete Osyf Helgason — er war der Vater von Gelle Thorkelsson's Mutter — ihm dahin, dass alle Leute schwiegen, während er auf dem 'Lögberg' redete, aber dann, wenn er still geworden, alle über das was er gesprochen ihren lauten Beifall äussern würden; beide aber, Thorstein Surt wie Osyf, waren gar verständige Männer. Als nun seitdem die Leute sich zum Dinge versammelten, da that Thorstein vom 'Lögberg' aus den Vorschlag, dass man jedes 7. Jahr um eine Woche vermehren sollte und zusehen, wie es dann passte. Und ganz so, wie Osyf den Traum gedeutet, geschah es: alle die da zugehört

überzeugten sich von der Sache und es wurde sofort auf Thorkel (4) Mane's und andrer verständiger Männer Rath eine gesetzliche Bestimmung darüber getroffen.

Nach normaler Zählung sind in jedem Jahre 365 Tage, sofern kein Schaltjahr, doch in diesem Falle ein Tag mehr; dagegen nach unsrer Zählung sind es (36)4 Tage, doch wenn nach dieser jedes 7. Jahr um eine Woche vermehrt wird, nach jener andern aber um nichts, da werden nach der einen wie nach der andern Rechnung die 7 Jahre gleich lang; aber wenn innerhalb der zu vermehrenden (7) Jahre zwei Schaltjahre eintreten, da muss man (schon) das 6. vermehren[9].

5. Ein grosser Dingstreit[10] fand statt zwischen Thord Gelle, Olaf Feilan's Sohn aus dem Breidefjord, und Odd oder wie er genannt wurde Tungu-Odd; dieser aus dem Borgfjord. Der Sohn des letzteren, Thorvald, hatte sich mit dem Hösna-Thore an dem an Thorkel Blundketilsson verübten Mordbrande betheiligt; da trat als Hauptkläger Thord Gelle auf, insofern der Sohn des durch Brand geschädigten Thorkel Blundketilsson, Herstein, seine (Thord Gelle's) Schwestertochter Thorun zur Frau hatte; sie war Tochter der Helga und Gunnars, Schwester der Jofrid, der Gattin des Thorstein Egilsson. Sie (d. i: Tungu-Odd, Thorvald und Hösna-Thore) wurden aber an dem Dinge verklagt, das jener Zeit im Borgfjord bestand — die Stelle hiess später Thingnes — indem es nämlich damals als Gesetz galt, Todtschlag betreffende Sachen an dem, dem Orte der That zunächst liegenden Dinge zu verhandeln; an jener Stelle aber geriethen sie in Kampf, so dass die Abhaltung eines gesetzmässigen Dinges gar nicht möglich war; von den Leuten des Thord Gelle fiel Thorolf Ref, der Bruder des Alf in den Dalir. Nachher gelangte die Sache vor das Alding; aber hier kämpften sie wiederum mit einander und es fielen Mehrere von Odds Leuten; auch wurden hier Hösna-Thore und noch Mehrere, die sich bei dem Mordbrande betheiligt, geächtet und nachher erschlagen. Da hielt Thord Gelle vom Lögberg aus eine Rede und sprach sich darüber aus, wie schlimm man doch daran sei, wegen Todtschlag oder anderer Unbill die man erfahren, sich an ein Ding wenden zu sollen, das man gar nicht kenne, erzählte dabei, was ihm begegnet bevor er seiner Sache zu Recht verhelfen können und meinte, dass, wenn nicht Abhilfe

(5) geschafft würde, diess bald für die Einen bald für die Andern noch schlimme Dinge zur Folge haben werde. Da wurde denn das Land in Viertel getheilt, in jedem Viertel aber drei Dingstätten bestimmt, an deren jeder deren Angehörige ihre gerichtlichen Angelegenheiten zusammen verhandeln sollten; — nur im Viertel des Nordlandes waren es vier Dinge, weil man sich dort auf keine andere Weise vereinigen konnte, indem die Leute nordwärts vom Eyjafjord ebensowenig nach dem dortigen Dinge, als die westwärts vom Skagafjord nach dem hier gelegenen sich zu begeben Lust hatten[11]; dabei sollte übrigens die Ernennung der Richter und die Beschickung der 'Lögretta' aus ihrem Viertel ganz in demselben Umfange vor sich gehen, wie aus jedem der (drei) übrigen[12] —; sodann wurden aber die Viertelsdinge eingerichtet[13]; so berichtete uns der Gesetzsprecher Ulfhedin Gunnarsson. Thorkel Mane, Sohn Thorsteins, des Sohnes von Ingolf, übernahm das Amt des Gesetzsprechers nach Thorarin, Rage's Bruder, und führte es 15 Sommer. Dann hatte es Thorgeir am Ljosavatn, der Sohn Thorkels, 17 Sommer.

6. Das Land, das den Namen Grönland führt, wurde entdeckt und besiedelt von Island aus[14]. Eirik der Rothe hiess er, ein Breidfirdinger, der von hier aus dorthin fuhr und sich daselbst an dem seitdem so genannten Eiriksfjord ansiedelte; er gab dem Lande den Namen und nannte es Grönland (d. i: Grünland), indem er meinte, dass, wenn das Land einen guten Namen hätte, diess den Leuten zur Reise dahin Lust machen würde. Man fand Spuren menschlicher Wohnungen im Osten wie im Westen des Landes, Ueberreste von Lederkähnen und Steingeräthschaften, woraus man erkennen konnte, dass hier derlei Leute geweilt, die Vinland besiedelt haben und bei den Grönländern 'Skrälinger' heissen. Es geschah aber diese Besiedelung Grönlands durch den Eirik 14 oder 15 Winter vor der Einführung des Christenthums hier auf Island, so wenigstens berichtete dem Thorkel Gellesson Jemand auf Grönland, der selber Eirik den Rothen dorthin begleitet hatte.

7. König Olaf war es — Tryggve's Sohn, des Sohnes Olafs, des Sohnes Haralds des Haarschönen —, der das Christenthum in Norwegen und auf Island einführte[15]. Hier nach Island sandte er einen Geistlichen, Namens Dankbrand, der den Leuten das

Christenthum lehrte und alle die sich dazu bekannten taufte. (7) Hall zu Sida, der Sohn Thorsteins, und Hjalte Skegge's Sohn aus Thjorsardal und Gizur der Weisse, der Sohn Teits des Sohnes Ketilbjörns von Mosfell, und viele andere der angesehensten Leute liessen sich sehr bald taufen; doch die Mehrheit sprach sich dagegen aus und wies es zurück. Als Dankbrand einen oder zwei Winter hier geblieben, fuhr er wieder fort; Zwei oder Drei, die Spottverse auf ihn gedichtet, hatte er erschlagen. In Norwegen angelangt, berichtete er dem Könige Olaf alles was hier auf Island über ihn ergangen und stellte es dabei sehr in Zweifel, dass man jemals hier das Christenthum annehmen werde. Darüber erzürnte der König in hohem Grade und wollte schon unsere Landsleute, die gerade damals in Norwegen waren, durch Gliederverstümmelung oder Tod dafür büssen lassen. Aber denselben Sommer kamen Gizur und Hjalte dort an und machten jene beim Könige frei; sie verhiessen ihm sich von Neuem dafür zu verwenden, dass das Christenthum hier doch noch angenommen würde und sprachen die bestimmte Erwartung glücklichen Erfolges aus. Den darauf folgenden Sommer fuhren sie nach Island und mit ihnen ein Geistlicher, Namens Thormod; sie landeten nach einer glücklichen Fahrt auf den Vestmännerinseln, 10 Wochen nach Sommers Anfang; so sagte uns Teit nach Angabe eines Augenzeugen. Es war nun den Sommer vorher gesetzlich bestimmt worden, dass man eben zu dieser Zeit, 10 Wochen nach Sommers Anfang, zum Alding sich versammeln sollte, während diess bisher eine Woche früher geschah. So begaben sich denn Jene sofort aufs Festland und darauf zum Alding; den Hjalte aber vermochten sie, mit 11 Mann in Laugardal zurückzubleiben, weil er auf dem Alding im vorigen Sommer wegen Götterlästerung zu dreijähriger Verbannung verurtheilt worden, das aber war der Anklage Grund, dass er auf dem Lögberg folgendes Spottvers'chen recitirt:

'Ich will (zwar) die Götter nicht lästern,
(gleichwohl) dünkt mich Freija eine Betze'[16].

Gizur mit seinen Leuten ritt bis zu einem Orte am Ölfuss-see, welcher Vellan-katla heisst; von hier aus schickten sie nach dem Ding, dass alle von denen sie Beistand erwarten durften, ihnen

(7) entgegenkämen, weil sie gehört, dass ihre Gegner, das Schwert in der Hand, den Dingplatz ihnen verwehren wollten. Noch ehe sie von Vellan-katla aufbrachen, kam Hjalte geritten und die andern, die mit ihm zurückgeblieben. Darauf ritten sie (gemeinsam) nach dem Dinge, als sie auch schon ihren Sippen und Freunden, nach denen sie verlangt, begegneten. Die Heidnischen in vollen Waffen schaarten sich zusammen und es hing nur an einem Haare, dass beide Parteien auf einander los schlugen. Tags darauf begaben sich Gizur und Hjalte zum Lögberg und verkündeten von hier aus ihre Botschaft; es erregte, wie erzählt wird, wahres Aufsehn, wie wohl sie zu sprechen wussten. Die Folge davon war, dass beide Parteien, die christlichen wie die heidnischen, unter beiderseitiger Berufung auf Zeugen, aus der bisherigen Gemeinschaft sich lossagten und darauf den Lögberg verliessen. Da forderten die Christlichen den Hall zu Sida auf, er solle als ihr christlicher Gesetzsprecher die Gesetze ihnen im christlichen Sinne vortragen; aber dieser entzog sich dadurch ihrer Bitte, dass er mit dem Gesetzsprecher Thorgeir, obwohl dieser da noch Heide war, ein Uebereinkommen wegen Uebernahme des Amtes traf. Als dann die Leute in ihre Buden gegangen, legte Thorgeir sich nieder, breitete seinen Mantel über sich und verhielt sich ruhig den ganzen Tag über und die Nacht darauf, ohne auch nur ein Wort zu sprechen. Den folgenden Morgen aber richtete er sich auf und erliess die Aufforderung, man solle sich am Lögberg einfinden. Sobald man sich versammelt, begann er seine Rede und sagte, wie nach seiner Ueberzeugung all' ihr Glück und Wohlbefinden aufs äusserste gefährdet sei, wenn nicht Alle hier zu Lande ein und dasselbe Gesetz anerkennen wollten, er stellte ihnen in mannichfacher Weise vor, wie man diese Spaltung nicht geschehen lassen solle, und meinte, dass ein Hass entstehen würde, in Folge dessen es unausbleiblich zu Schlägereien und Kämpfen käme, wodurch das Land (zuletzt nur) verödet werden würde. Er erzählte von Königen von Norwegen und von Dänemark[17], wie diese lange Zeit Feindschaft und Krieg mit einander geführt, bis — so wenig sie selber wollten — ihre Völker Friede zwischen ihnen gestiftet; alsbald hätten sie zu seiner Vollziehung kostbare Geschenke zwischen sich ausgetauscht, und der Friede dauerte so lange sie lebten.

Nun aber, fuhr er fort, scheint es mir verständig, dass auch wir (7) nicht diejenigen schalten und walten lassen, die sich am feindlichsten einander gegenüber stehen; suchen wir vielmehr eine derartige Vermittelung zwischen ihnen, dass den Einen wie den Andern ein Theil ihrer Forderung verbleibt, und lasst uns alle ein Gesetz und einen Glauben festhalten; denn es wird sich bewahrheiten: zerreissen wir das Gesetz, werden wir auch den Frieden zerreissen. Der schliessliche Erfolg seiner Rede war der, dass beide Theile sich zu einem, für Alle giltigen Gesetze, das er ihnen nun verkünden würde, bereit erklärten. Da wurde denn als Gesetz ausgesprochen, dass Alle die hier zu Lande noch ungetauft wären, Christen werden und die Taufe empfangen sollten; wegen der Kinderaussetzung wie auch wegen des Essens von Pferdefleisch sollte das alte Gesetz noch fortdauern; opfern dürfe man, wenn man es wolle, heimlich, doch die dabei mit Zeugen betroffnen solle dreijährige Verbannung treffen; aber schon nach wenigen Jahren war dieser Brauch des Heidenthums gleich den andern abgekommen.

Diesen ganzen Hergang der Einführung des Christenthums auf Island berichtete uns Teit. Im Sommer desselben Jahres fiel nach Angabe des Priesters Sämund Olaf Tryggvason im Kampfe gegen den dänischen König Svein Haraldsson, gegen den Schwedenkönig Olaf 'den Schwedischen', den Sohn Eiriks zu Uppsaler, und gegen Eirik Hakonsson, den spätern Jarl von Norwegen; das war 130 Winter seit dem Tode Edmunds, aber 1000 seit Chr. Geb. nach der gemeinen Rechnung [18].

8. Diess sind nach Angabe Teits die Namen der ausländischen Bischöfe, die sich auf Island aufgehalten: Friedrich, der in der heidnischen Zeit hierher kam; folgende aber kamen nachher: Bernhard der Schriftgelehrte, 5 Jahre lang; Kol, wenige Jahre; Rudolf, 19 Jahr; Johann der Ire, ein paar Jahre; Bernhard, 19 Jahre; Heinrich, 2 Jahre. Ausserdem kamen 5 andre hierher, die sich für Bischöfe ausgaben: Arnulf und Gottschalk, und 3 Armenier: Petrus und Abraham und Stephanus.

Grim auf Mosfell, Svertings Sohn, wurde Gesetzsprecher nach Thorgeir und führte sein Amt nur zwei Sommer, denn, weil er eine heisere Sprache hatte, gestattete man ihm es auf seinen Schwestersohn Skapte Thoroddson zu übertragen; der gab das

(8) Gesetz des Fünftgerichtes[19] und das andre, dass, wer Jemand erschlagen, nur sich selbst aber keinen Andern als Urheber dieses Todtschlages erkläre[20]; früher galten hierüber solche Bestimmungen wie in Norwegen. Zu seiner Zeit wurden viele Häuptlinge und mächtige Männer wegen verübter Todtschläge oder blutiger Händel auf Grund seines Regiments und seiner Landesregierung geächtet oder Landes verwiesen. Er starb in demselben Jahre als Olaf der Dicke fiel, der Sohn Haralds, des Sohnes Godröds, des Sohnes Björns, des Sohnes Harald des Haarschönen — 30 Winter nach Olaf Tryggvasons Tod. Nach ihm wurde Stein Thorgest's Sohn Gesetzsprecher und blieb es 3 Sommer; darauf Thorkel Tjörvason 20 Sommer, dann Gelle Bölverksson 9 Sommer.

9. Isleif, Sohn Gizurs des Weissen, ward zum Bischof geweiht in den Tagen des norwegischen Königs Harald, des Sohnes Sigurds, des Sohnes Halfdans, des Sohnes Sigurds Hrise, des Sohnes Haralds des Haarschönen. Als die Angeseheneren und Besseren unter der Bevölkerung erkannten, dass Isleif um vieles tüchtiger war als andere Geistliche, die man gerade hier zu Lande finden konnte, übergaben ihm viele ihre Söhne zum Unterricht[21] und liessen sie zu Priestern weihen; zwei von ihnen erhielten später die Bischofsweihe: Kol, der in Vik in Norwegen war, und Jon, Bischof zu Holar. Isleif hatte drei Söhne, die alle tüchtige Häuptlinge wurden: den Bischof Gizur, den Priester Teit, Vater des Hall, und Thorvald. Den Teit erzog Hall in Haukadal, ein Mann der nach einstimmigem Zeugnisse unter allen Laien hier zu Lande an freundlicher Gesinnung und Wohlthätigkeit der erste war. Ich kam auch zu Hall als ein Knabe von 7 Jahren, ein Jahr nach dem Tode meines Grossvaters und (bisherigen) Erziehers Gelle Thorkelsson, und blieb dort 14 Jahre.

Gunnar der Weise war nach Gelle's (Bölv.) Abgang Gesetzsprecher geworden und blieb es 3 Sommer; dann war es Kolbein Flosason 6 — den Sommer, in dem er antrat, fiel König Harald in England —; dann Gelle (Bölv.) zum zweitenmal, 3 Sommer; dann Gunnar zum zweitenmal, einen Sommer; dann Sighvat Surtsson, Kolbeins Schwestersohn, 8 Sommer; damals (unter Sighvats Amtsführung) kam Sämund Sigfusson aus dem Frankenlande nach Island zurück und liess sich dann zum Priester weihen.

Isleif war 50 Jahr alt, als er die Bischofsweihe empfing — (9) es geschah unter dem Pontificat von Leo VII.[22] —; den darauf folgenden Winter brachte er in Norwegen zu und reiste (erst) dann nach Island zurück; er starb in Skalholt, nachdem er wie uns Teit berichtete im Ganzen 24 Jahre Bischof gewesen; es war an einem Sonntage, 6 Nächte nach dem Peter-Pauls-Feste, 80 Winter nach Olaf Tryggvasons Tod; ich lebte damals bei meinem Pflegebruder Teit und war gerade 12 Jahre alt. Hall berichtete uns darüber, ein Mann von eben so treuem Gedächtnisse als wahrhaftig und der sich selber an seine Taufe erinnerte und dass ihn Dankbrand als dreijähriges Kind getauft; diess geschah aber ein Jahr vor der gesetzlichen Einführung des Christenthums hier auf Island. Den Wohnsitz, den er sich als Dreissiger in Haukadal gründete, bewohnte er 64 Jahre und hatte ein Alter von 94 Jahren erreicht als er starb; diess war am Feste des Bischofs Martin, im 10. Jahre nach dem Tode des Bischofs Isleif.

10. Gizur, der Sohn Isleifs, wurde auf der Einwohner allgemeines Verlangen zum Bischof geweiht; diess geschah zur Zeit König Olaf Haraldssons, zwei Jahre nach dem Tode seines Vaters Isleif, von denen er das eine hier auf Island, das andre in Gautland verlebte, wo man, wie er uns erzählte, seinen Namen 'Gisröd' aussprach.

Markus Skeggjason wurde als Sighvats Nachfolger Gesetzsprecher; er trat den Sommer an, in welchem Gizur bereits ein Jahr hier auf Island Bischof gewesen, und blieb es 24 Sommer. Nach seiner Angabe ist in diesem Buch die Lebenszeit aller Gesetzsprecher, die vor unsre Erinnerung fallen, aufgezeichnet, deren aber, die vor seine eigne, berichteten ihm sein Bruder Thorarin und Beider Vater Skegge und mehrere kundige Männer auf Grund der Mittheilungen ihres Vater-vaters Bjarne des Weisen, der sich noch des Gesetzsprechers Thorarin und seiner 6 Nachfolger erinnerte.

Niemand von denen die hier gelebt, hat unsers Wissens die allgemeine Liebe in einem höheren Grade besessen, als Bischof Gizur; in Folge dieser Beliebtheit geschah es, dass nach seinem und Sämunds Antrage und unter Beirath des Gesetzsprechers Markus gesetzlich bestimmt wurde, dass Alle von ihrem ganzen

(10) Vermögen, mochte es in Grundbesitze oder beweglichen Gütern
bestehen, eine Berechnung und Abschätzung unter Beschwörung
ihrer Richtigkeit unternahmen und dann davon den Zehenden
entrichteten. Es liegt hierin ein starker Beweis von der Isländer
Ergebenheit gegen diesen Mann, dass er es zu Wege brachte,
dass aller Besitz auf Island und die Ländereien selber eidlich
abgeschätzt, dass davon Zehenden entrichtet und dass ein Gesetz
darüber erlassen wurde, dass es so bleiben solle, so lange als
Island bewohnt wird. Auch darüber liess Bischof Gizur eine gesetzliche Bestimmung ergehen, dass der Stuhl des Bischofes für
Island, der bisher an keinen bestimmten Ort geknüpft war, in
Skalholt sein sollte; zugleich schenkte er dem Stuhle das Skalholter Land und mancherlei andre Erträge aus Ländereien wie
beweglichen Gütern. Als dieser Ort seiner Meinung nach zu ge-
deihlichem Wachsthum seiner Einkünfte gelangt, opferte er mehr
als den vierten Theil seines bischöflichen Sprengels, um neben
dem bisherigen noch einen zweiten Bischofsstuhl zu gründen,
wonach die Leute im Nordland verlangten. Vorher hatte Gizor
die Bonden (d. i: Grundbesitzer) hier zu Lande zählen lassen,
und da ergaben sich für das Viertel der Austfirdinger 7 volle
Hunderte, für das der Rangäinger 10, der Breidfirdinger 9, der
Eyfirdinger 12; ungezählt auf ganz Island blieben aber, die keinen
Dingfahrt-Schilling zu entrichten hatten[23].

Ulfhedin, Gunnars des Weisen Sohn, wurde Gesetzsprecher
nach Markus und blieb es 9 Sommer; darauf Bergthor Hrafnsson
6, dann Gudmund Thorgeirsson 12 Sommer. Im ersten Sommer
dass Bergthor sein Amt als Gesetzsprecher verwaltete, wurde das
neue Gesetz erlassen, dass unsere Gesetze im nächsten Winter
bei Haflide Marsson nach dem Vortrage und mit dem Beirathe
Haflide's und Bergthors sowie andrer verständiger Männer, die
hierzu ernannt waren, schriftlich aufgezeichnet werden sollten[24];
zugleich sollten sie alle die neuen gesetzlichen Bestimmungen
anbringen, soweit ihnen solche besser als die alten Gesetze er-
schienen; im nächsten Sommer aber sollten sie in der 'Lögretta'
verkündigt und dann diejenigen beibehalten werden, gegen die
sich die Mehrheit nicht entschiede. So geschah es denn, dass
der 'Vigslode' und noch viel Andres von Gesetzen[25] nieder geschrieben, im nächsten Sommer aber in der 'Lögretta' von den

Geistlichen vorgetragen wurde; diess fand bei Allen solche Zu- (10) stimmung, dass Niemand dagegen sprach.

Auch das begab sich im ersten Amtsjahre Bergthors, dass Bischof Gizor, durch Krankheit an der Reise zum Alding verhindert, seinen Freunden daselbst und den Häuptlingen sagen liess, sie sollten Thorlak — den Sohn Runolfs des Sohnes Thorsteins, Bruders von Hall in Haukadal — bitten, dass er sich zum Bischofe weihen liesse; alle thaten es, sobald seine Botschaft anlangte, und zwar mit Erfolg, weil Gizur selber schon vorher sehr gebeten hatte; Thorlak verliess noch diesen Sommer Island und kam den nächsten als geweihter Bischof wieder zurück.

Gizur war 40 Jahr alt, als er zum Bischof geweiht wurde — damals war Gregor VII. Pabst —; er verlebte den darauf folgenden Winter in Dänemark und kehrte (erst von dort) den nächsten Sommer nach Island zurück. Als er wie sein Vater 24 Jahre Bischof gewesen, wurde Jon Ögmundarson als erster Bischof für Holar geweiht; Jon war da 54 Jahr alt. Zwölf Jahre später, nachdem Gizur im Ganzen 36 Jahr Bischof gewesen, wurde Thorlak zum Bischofe geweiht; Gizur liess ihn noch bei seinen Lebzeiten für den Stuhl in Skalholt weihen; Thorlak war damals 32 Jahr alt. 30 Nächte später (nach Thorlaks Weihe) starb Bischof Gizur in Skalholt, eines Dienstags, am 5. vor den Kalenden des Junius (am 28. Mai). In demselben Jahre starben vor Gizur: Pabst Paschalis II., Balduin König von Jerusalem, Arnaldus Patriarch von Jerusalem und der Schwedenkönig Philippus; aber später als Gizur: der Griechenkönig Alexius, der da 38 Jahr auf dem Thron zu Byzanz gesessen; zwei Jahre darauf trat Wechsel zweier Jahrhunderte ein; Eystein und Sigurd hatten 17 Jahre nach ihrem Vater Magnus — dem Sohne Olaf Haraldssons — als Könige in Norwegen regiert: diess (Alles) war 120 Jahre nach dem Tode Olaf Tryggvasons, 250 nach dem Tode des König. Edmund von England, 516 nach dem Hinscheiden des Pabstes Gregorius, der wie berichtet wird das Christenthum in England einführte, dieser Gregorius aber starb im zweiten Regierungsjahre des Kaiser Phokas, 604 Jahre nach Chr. Geb. nach der gemeinen Rechnung; das macht Alles zusammen 1120. Hier endet dieses Buch.

Diess ist die Herkunft und das Geschlechtsregister der isländischen Bischöfe[26]:

Ketilbjörn, der Ansiedler, der zu Ober-Mosfell im Südlande wohnte, war der Vater von Teit, dem Vater von Gizur dem Weissen, dem Vater von Isleif, der da war der erste Bischof von Island, dem Vater von Bischof Gizur.

Hrollaug, der Ansiedler, der im Osten in Sida zu Breidabolstad wohnte, war der Vater von Özur, dem Vater der Thordis, der Mutter von Hall zu Sida, dem Vater von Egil, dem Vater der Thorgerd, der Mutter Jon's, der der erste Bischof zu Holar war.

Aud, die Ansiedlerin, die im Westen im Breidefjord zu Hvam wohnte, war die Mutter von Thorstein dem Rothen, dem Vater von Oleif Feilan, dem Vater von Thord Gelle, dem Vater von Thorhild Rjupa, der Mutter von Thord Hesthöfde, dem Vater von Karlsefne, dem Vater von Snorre, dem Vater von der Hallfrid, der Mutter von Thorlak, der als Nachfolger des Gizur gegenwärtig Bischof in Skalholt ist.

Helge der Magere, der Ansiedler, der nordwärts im Eyjafjord zu Christnes wohnte, war Vater von Helga, der Mutter von Einar, dem Vater von Eyjolf Valgerdarson, dem Vater von Gudmund, dem Vater von Eyjolf, dem Vater von Thorstein, dem Vater von Ketil, der als Nachfolger des Jon gegenwärtig Bischof zu Holar ist.

Diess sind die Namen von Vater auf Sohn herab bei den Ynglingern und Breidfirdingern:

1. Yngve, der Türkenkönig; 2. Njörd, der Schwedenkönig; 3. Frey; 4. Fjölner, der bei Frid-Frode starb; 5. Svegder; 6. Vanlande; 7. Visbur; 8. Domald; 9. Domar; 10. Dyggve; 11. Dag; 12. Alrek; 13. Agne; 14. Yngve; 15. Jörund; 16. Aun der Alte; 17. Egil Vendilkraka; 18. Ottar; 19. Adisl in Uppsaler; 20. Eystein; 21. Yngvar; 22. Braut-Önund; 23. Ingjald der Grausame; 24. Olaf Tretelgja; 25. Halfdan Hvitbein, der Upplendinger-könig; 26. Godröd; 27. Olaf; 28. Helge; 29. Ingjald, Tochtersohn Sigurds, des Sohnes von Ragnar Lodbrok; 30. Olaf der Weisse[27]; 31. Thorstein der Rothe; 32. Oleif Feilan, der erste dieses Geschlechtes der sich auf Island ansiedelte; 33. Thord Gelle; 34. Eyjolf, der sich noch in hohem Alter taufen liess, als das Christenthum nach Island kam; 35. Thorkel; 36. Gelle, der Vater Thorkels und Brands und des Thorgils, meines Vaters, aber ich heisse Are.

ANMERKUNGEN

1. (s. 16) Was hier in Kap. 1 und 2 von der Besiedelung Islands nur ganz kurz berichtet wird, bildet den alleinigen Inhalt der Landnámabók (in: Isl I (1843), s. 21—322, s: Catal. p. 26 u. Forns. XXVIII —XXIX), d. h. des 'Buches von den Landnehmungen' oder der Besitzergreifung und Besiedelung der isländischen Küstenstrecken und von den einzelnen Ansiedlern und ihren Geschlechtern; Ergänzungen und Ausführungen in den meisten Íslendingasögur (so namentlich z. B. in der Eyrbyggjasaga). Entdeckung und Besiedelung behandelt K. Maurer, Beitr. 1—82. 211—218; isländ. Sagen über die ersten Ansiedler, s: K. Maurer in Pfeif. Germ. IX, 237.

Die vollständigste und neueste Geschichte des alten Island (bis z. J. 1397) giebt Munch in seiner norw. Geschichte (s: 'Island' im Register beider Abtheilungen); eine Schilderung des heutigen Island von K. Maurer in Pfeif. Germ. XIV, 97—110.

2. (s. 16) in 'seiner' Geschichte d. i: Edmunds; wohl die passio sti Edmundi, die Abbo Floriacensis um d. J. 980 schrieb, bei Surius VV. SS. 20. Novemb.; s: K. Maurer, Altn. 57—68

3. (s. 16) '— Später hat sich allerdings die Ausdehnung des Waldes (im isländischen Sinne, d. h. des Gebüsches von Birken) vermindert, weil die Ansiedelungen Ausrodung erforderten und die menschliche Wirthschaft überdiess den Wald schwendete' KM vgl: Pfeif. Germania VII, 245—246.

4. (s. 17) 'Eine Belohnung für den geleisteten Dienst ist nichts so Auffallendes; solche bekam auch die þurðr sundafyllir (Landn. II, 29 in Isl. I, 147—148), und dass solche in Geld angeschlagen wurde, setzt ja nicht voraus, dass sie auch in Geld entrichtet werden musste' KM

5. (s. 17) Ueber das Alding und seine Gründung s: K. Maurer, Beitr. 147 ff. und Graag. 17ᵇ ff.

6. (s. 17) 'Ari's Worte schliessen die Möglichkeit nicht aus, dass die Dingstätte zwischen 930 u. 1120 etwa einmal verlegt gewesen sein könnte; ja der Umstand, dass Ari den Zusatz überhaupt nöthig fand, möchte eine solche Annahme sogar nahe legen. Nun sagt die Hœnsaþórissaga k. 14 (Isl. II, 171ᵃ) wirklich gelegentlich der Vorgänge des J. 965: en þingit var þá undir Ármannsfelli — und ein Wechsel der Dingstätte ist damit direct bezeugt; — — sehr begreiflich auch, dass bei der vulkanischen Natur der ganzen Gegend, die noch im vorigen Jahrhundert bedeutende Veränderungen erlitt, sich wohl auch schon früher zu einer Verlegung der Dingstätte zwingende Gründe ergeben haben mochten. So ist auch das oben erwähnte Kjalarnesþing von Ari nicht als ein 'gemeinsames' bezeichnet; vgl. Landn. I, 9 (Isl. I, 38⁹): þing á Kjalarnesi, áðr alþingi var sett. — ein gemeinsames d. h. dem ganzen Lande gemeinsames Ding existirte vor 930 nicht' KM

Eine Sage über die Einsetzung des Alding an der Öxar-á (d. i: Axt-au) durch König Olaf Tryggv. bei Jón Árnason, ísl. þjóðsüg. og æfint. I, 184, not. 4 vgl. K. Maurer in: Pfeif. Germania IX, 234—235.

7. (s. 18) Jón Sigurðsson (Safn II, 13) bezeichnet auf Grund dieser Worte (næstr Úlfljóti) Úlflj. als ersten lögsögumaðr. Dem widerspricht, was über Ú. im lögsögumannatal der Uppsala-Edda (Dipl. Isl. I, 500 vgl. Isl. I, 337) berichtet wird. 'In der That lässt die Chronologie keinen andern Ausweg, da nach ihr Hrafn in demselben Jahre das Amt übernahm, in dem diess durch die vertragsweise Annahme der Úlfljótslög erst möglich wurde. Ulfl. konnte unmöglich diess Amt 927—929 bekleiden, da vor der Existenz von landslög ein lögsögumaðr undenkbar war'. KM

8. zu Kap. 4 über die isländ. Zeitrechnung vgl: Munch, norweg. Gesch. I, 2, 157. — Im Anhang zu Isl. I (1843), 385 findet sich ein (meist nach diesem 4. Kap. der Ibk verfasster) Bericht über die isländ. Zeitrechnung, abgedruckt aus cod. reg. 1812, einer zum Theil sehr alten Membrane, die noch mehrere Bruchstücke chronolog. u. astronom. Inhaltes enthält, s: Diplom. Island. I, 180—184.

9. (s. 19) 'Auffällig bleibt es, dass die Einschaltung eines Schalttages in jedem viertem Jahre auch für die isländische Zeitrechnung angenommen werden muss, während diess doch nicht gesagt ist, ja negirt werden zu wollen scheint. Oder sollte die Woche, wie ja auch bei uns vorkommt, hier ausnahmsweise zu 8 Tagen gerechnet sein?' KM

10. (s. 19) Ausführliche Erzählung des Streites zwischen Thord Gelle und Tungu-Odd bildet den Gegenstand der Hœnsa-þórissaga (in Isl. II (1847), 119—186); vgl. dazu Munch, norw. Gesch. I, 2, 155 ff.

11. (s. 20) 'd. h: das þingeyjarþing wurde nöthig und andrerseits das Húnavatnsþing, weil die Leute am Skjálfandi, Öxarfjörðr, der Melrakkasléttn usw. nicht zum Voðlaþing, — und die Víðdœlir, Miðfirðingar, Vatnsdœlir usw. nicht zum Hegranessþing wollten' KM

12. (s. 20) 'd. h: die zwölf goðar des Nordviertels sollten nicht mehr Einfluss auf diese Besetzung haben, als die goðar jedes andern Viertels; diess setzt aber gerade eine ungleiche Weise des Verfahrens voraus. Wir wissen aus der Grágás (Lögréttu þáttr), dass die goðar der andern drei Viertel alle persönlich sassen und dazu je zwei Beisitzer ernannten, dass eben diess von den 12 goðar des Nordviertels galt, so dass dort das Viertel 27, hier 36 Mann lieferte, dass aber die Differenz dadurch ausgeglichen wurde, dass für jedes der drei andern Viertel noch drei Vice-goðar gewählt wurden, deren jeder auch wieder zwei Beisitzer hatte. Aehnlich muss es bei den fjórðungsdómar gegangen sein; ist meine, z. Th. durch die Njála gestützte Vermuthung richtig, dass jeder dómr 36 Richter zählte, die gemeinsam von allen goðar des Landes besetzt wurden, also zusammen 144 Richter waren, so hatte jeder goði aus dem Nordlande drei, jeder andre goði vier Richter zu ernennen. Es hatten also die zwölf goðar des Nordens keinen grössern Antheil an der

Besetzung dieser Collegien, als die neun jedes andern Viertels; aber eben darum musste die Art wie sie ihren Antheil geltend machten, eine ganz andre sein'. KM

13. (s. 20) 'Meines Erachtens lassen die WW: "en síþan voru sett fjórðungarþing" recht wohl die Deutung zu, dass das Gesetz über Einführung der fjórðungarþing sich unmittelbar dem andern über die Eintheilung des Landes in fjórðungar und þingsókuir, dann über die Besetzung der fjórðungsdómar und der lögrétta anschloss; da wir aus der Eyrbyggja k. 10 (12°) wissen, dass derselbe þórðr gellir, der jene Landeseintheilung beantragte, auch das fjórðungarþing im Westlande einsetzte, ist diess sogar wahrscheinlich. Die Worte der Eyrbyggja zeigen dabei, dass man am alþing sich auf die Festsetzung der obersten Grundsätze beschränkte, dagegen die Ausführung im Detail, wie z. B. die Wahl der Dingstätten u. dgl. den Betheiligten überliess; darum mochte Ari wohl sagen, dass die wirkliche Constituirung der fjórðungarþing erst nach dem nýmæli erfolgte, aber die Meinung wird doch nur die sein, dass die Ausführung des am alþing beschlossnen Gesetzes dem Beschlusse sofort nachfolgte'. KM

14. (s. 20) Alles was im 6. Kap. über Entdeckung und Besiedelung Grönlands und Vinlands (Nord-Amerikas) in der isländ. Literatur berichtet ist, findet sich gesammelt, übersetzt und mit ausführlichem Commentar begleitet in den beiden Hauptwerken: Antiquitates Americanæ (Catal. p. 43) und Grönlands historiske Mindesmærker (Catal. p. 44—46).

15. (s. 20) Die Quellenwerke für Islands Kirchengeschichte der ältern Zeit sind die unter d. Tit: Biskupasögur (Kbh. I. II, 1. 2 1858—67) von Guðbrandr Vigfússon herausgegebenen Saga's; für die von Ara behandelte Zeit namentlich: Kristnisaga, von der Einführung des Christenth. bis 1121, die beiden kleinen Stücke (þættir) von þorvaldr víðförli und vom Bisch. Ísleifr, und die Hungrvaka, eine Gesch. der 5 ersten Skalholter Bischöfe; ältere Ausgaben mit latein. Uebersetzung und Commentar s: Catal., viele sehr schätzbare historische (chronolog.) Anmerkungen giebt Guðbr. Vigfússon in seiner Ausgabe der Bpss., namentl. zu den genannten Saga's. — Von neueren Darstellungen kommt ausser dem Hauptwerke des Finnr Jónsson (Finnus Johannæus), Hist. eccl. Isl. (J. 1000—1740) und P. Péturssen (J. 1740—1840) s: Catal. p. 5 — für die Christianisirung Islands vor Allem in Betracht: K. Maurers 'Bekehrung des norweg. Stammes zum Christenthume' 2 Bände, München 1855—56.

Ein Verzeichniss sämmtlicher isländischer Bischöfe (— 1846) giebt: Jón Sigurðsson in Verbindung mit einer Ausgabe von Jón Egilssons Bischofsannalen (— 1587) im Safn I, 1—14 und 15—136, ein Verzeichniss der evangel. Bisch. auf Island (seit 1540): Königsfeldt in Molbechs histor. Aarböger, 3. Del. Kbh. 1851.

16. (s. 21) Vollständiger als hier und in Kristnisaga k. 9 (Bp I, 17) giebt diese Spottverse Njálssaga k. 103 (und Ól. s. Tryggv. in Flat. I, 426):

Sparik eigi goð geyja
grey þykkir mér Freyja;
æ man annattveggja
Óðinn grey eða Freyja.

d. i: non parco quin irrideam deos, canis videtur mihi Freyja; semper alteruter fuerit canis, Odinus aut Freyja.

17. (s. 22) Kristnisaga k. 11 (Bp I, 24) nennt in dieser wohl nur erdichteten Erzählung den norweg. König: Tryggvi, den dänischen: Dagr.

18. (s. 23) Der Tag, an welchem im J. 1000 Þorgeirr die Rede auf dem lögberg hielt und in Folge deren das Christenthum auf Island augenommen wurde, fällt nach Guðbrand Vigfússons Berechnung im Safn I, 433—434 auf: Montag, d. 24. Juni (Jónsmessa), vgl. Bp I, 24 not. 3.

19. (s. 24) Über das Fünftgericht und dessen Einführung s: K. Maurer, Beitr. 192 ff. und Munch, norw. Gesch. I, 2, 422 ff.

20. (s. 24) 'Gemeint ist eine víglýsing, die ausser Gericht regelmässig innerhalb dreier Tage nach begangener That vor sich zu gehen hatte. Dieselbe lag dem Verwundeten selbst oder dem nächsten Angehörigen des Erschlagnen ob; andrerseits aber auch dem Thäter. Der letztere ist hier allein in Frage; aber dennoch lässt die Stelle eine doppelte Deutung zu. Entweder hat sie den Fall vor Augen, da der Damnificat mehrfache Wunden an sich trug und will besagen, dass die Aussage desjenigen, der sich durch víglýsing zu einer von diesen bekannte, aber zugleich ergab, dass irgend ein Andrer Urheber andrer Wunden sei, nur in ihrem ersten Theile beweiskräftig sein solle; oder sie denkt an ein Gefecht, in welchem beide Theile Wunden davon trugen, und will besagen, dass derjenige, der sich selber durch víglýsing zu einer einem Andern zugefügten Wunde bekennt, nicht wieder einen Gegner durch víglýsing als Urheber einer ihm selbst zugefügten Wunde bezeichnen könne. Aus innern Gründen empfiehlt sich der erstere Sinn; wie aber das ältere norwegische Recht sich verhielt, das hier Aufschluss geben könnte, weiss ich nicht, und glaube nicht, dass in unsern Provinzialrechten einschlägige Bestimmungen zu finden sind. Auf irgend welche Denunciation (in unserm Sinne) geht die Bestimmung keinesfalls' KM, vgl. auch Graag 18ᵇ, n. 51.

21. (s. 24) Über Isleif und spätere Lehrer auf Island s: K. Maurer in Pfeif. Germ. X, 497.

22. (s. 25) Leo VII. —, vielmehr IX. (J. 1048—1054), ein Versehen Are's, s: F. Johann. Hist. eccl. Isl. I, 264 und Guðbr. Vigfússon in Bp I, 61, not. 5.

23. (s. 26) 'Deine Frage bezüglich des Verhältnisses der Volkszählung durch Bisch. Gizur zur Einführung des Zehnts einerseits und zur Errichtung des Bisthums zu Holar andrerseits beantworte ich so: Die Worte Ari's selbst sagen uns, dass die Zählung dieser Errichtung vorherging, aber nicht um wie lange; dass sie gelegentlich der Einführung des Zehnts erfolgt sei, halte ich nicht für wahrscheinlich, weil

dazu jeder innere Grund fehlte, indem der Zehnt sicherlich auf Grund der durch das kanonische Recht festgestellten Christenpflicht eingeführt wurde, welche ganz unabhängig davon erfüllt werden musste, ob der Pflichtigen viele oder wenige waren. Dagegen wissen wir aus der Jóns saga k. 7 (Bp I, 159), dass längere Berathungen der Errichtung des zweiten Bisthumes vorhergingen, und dass es einerseits langer Verhandlungen bedurfte, um die nöthigen Grundstücke zu dessen Dotation zu erhalten, andrerseits aber auch reiflicher Überlegung Seitens der Häuptlinge des ganzen Landes und des Bischof Gizur selbst, bis man über die Errichtung eines zweiten Bisthums überhaupt, und dessen Ausdehnung sich schlüssig machte. Gelegentlich dieser Vorverhandlungen nun scheint mir die Volkszählung vor sich gegangen zu sein. Sie erstreckt sich, wie es scheint, nur auf die Bauern, die das þingfararkaup zahlten; das waren aber nach den Tiundarlög (Grág II, 205—218) gerade die Zehntpflichtigen, denn: bœndr allir scolo tíund gera þeir er þing· fararkaupi eigu at gegna (Grág II, 206²⁻³) und die Zählung hatte demnach, nach den Landesvierteln vorgenommen, jetzt den guten Sinn, dass durch dieselbe festgestellt wurde, wie viele Zehntpflichtige dem neuen Bisthume je nach seiner Begrenzung zugewiesen werden würden. Mit andern Worten: als es galt festzustellen, wie weit sich für das von den Norðlendingar erbetne zweite Bisthum eine genügende Dotation erreichen lasse, suchte Bischof Gizur zu vermitteln, wie viele zehntpflichtige Bauern das Nordland im Vergleich zu den übrigen Vierteln enthalte, und dazu diente die Volkszählung; auf Grund derselben liess sich dann approximativ berechnen, wie viel an Einkünften aus dem Zehnt das neue Bisthum erhalten und wie viel an solchen dem alten verbleiben würde. Die Volkszählung fällt hiernach zwischen die Jahre 1102, in welchem die Norðlendingar um ein eignes Bisthum baten (Hungrv. k. 6 in Bp I, 68¹⁵⁻¹⁷) und 1105, in welchem Jón als biskupsefni ausser Lands ging, um sich die Weihe zu holen, die er 1106 erhielt¹. KM Über diese Volkszählung durch Gizur s: auch Munch, norw. Gesch. II, 638; über die jetzige Bevölkerung geben von Jahr zu Jahr eine ausführliche Statistik: Skýrslur um landshagi á Íslandi Bd. I—IV. Kaupm. 1858 ff.; vgl. K. Maurer in Pfeif. Germania XIV, 100.

24. (s. 26) Über die Haflíða-skrá (d. h. Haflide's Membrane od. — Buch, skrá, f. s: Gloss.) oder die bei Haflide Mársson aufgezeichneten Gesetze, auch — obwohl unbezeugt — Bergþórs lög genannt, wie überhaupt über die ältere Legislation auf Island s: K. Maurer, Graag. 17 ff. vgl. Altn. Anm. 4.

25. (s. 26) 'Es handelt sich bei der Haflíða-skrá meines Erachtens nicht um eine neue Codification in unserm Sinne, sondern nur um eine schriftliche Aufzeichnung der uppsaga des lögsögumaðr, bei welcher ihm freilich gestattet war, vorbehaltlich der Zustimmung der lögrétta auch einzelne Änderungen im überlieferten Rechte anzubringen. Wie nun die uppsaga kein zusammenhängendes Ganze bildete, vielmehr in verschiedene Abschnitte zerfiel, von denen die þingsköp Jahr für Jahr

vorgetragen werden mussten, alle andern aber je nur einmal innerhalb
dreier Jahre, wobei dem lögsögumaðr freistand zu bestimmen, in welcher Reihenfolge und Begrenzung er seinen Stoff unter die 3 Jahre
vertheilen wollte, so musste auch jene Aufzeichnung aus einer Reihe
einzelner Abschnitte bestehen, die jedoch durchaus nicht als ebenso
viele einzelne Gesetze aufgefasst werden dürfen; vígslóði war einer
dieser Abschnitte, der þingskapaþáttr ein andrer, — welche aber im
J. 1117 aufgezeichnet wurden, ist, abgesehen von jenem ersteren, nicht
bekannt'. KM

26. (s. 28) Ein altes, noch ausführlicheres genealog. Register der
ältern isländ. Bischöfe (aus cod AM 162, fol.) abgedruckt in Isl. I,
356—362.

27. (s. 28) a: Munch, norweg. Gesch. I, 649, not. 3. — Zu den
Namen und der Geschichte der Ynglinger vgl. ausser Säves Commentar der Ynglingasaga (1854) den soeben begonnenen von H. Ol. Hildebrand Hildebrand in seiner schwed. Übersetzung der Heimskringla
Örebro 1869.

ZEITTAFEL

3*

930—949 Hrafn Hængsson, lögsögumaðr (20 J.) Íb. k. 3
932—934 Streit der Kjalleklingar und þórsnesingar; þórðr gellir errichtet ein Viertelsgericht auf þórsnes (Eb. k. 9) ·
935—960 Hákon góði Aðalsteinsfóstri, König von Norwegen
950—969 þórarinn Ragabróðir, lögsögumaðr (20 J.) Íb. k. 3
960—965 Haraldr gráfeldr, König von Norwegen
964   Brandlegung bei Blundketill (Íb. k. 5)
965   Dingstreit zwischen þórðr gellir und Tungu-Oddr; Eintheilung Islands in Viertel und (13) Dingbezirke. Errichtung von Viertelsgerichten (Íb. k. 5)
965   Haraldr blátönn, König von Norwegen
970—984 þorkell máni, lögsögumaðr (15 J.) Íb. k. 5
981   Bischof Friedrich kommt nach Island; erste Verkündigung des Christenthums daselbst (Íb. k. 8)
982   Eiríkr rauði entdeckt Grönland
982—986 Bischof Friedrich zu Lœkjamót
984   Bischof Friedrich verkündet das Christenthum am Alding vom lögberg herab   ‒
985—1001 þorgeirr Ljósvetningagoði, lögsögumaðr (17 J.)
986   Eiríkr rauði verlässt Island um sich in Grönland anzusiedeln (Íb. k. 6); Bischof Friedrich und þorvaldr Koðransson verlassen Island
995   Hákon Hlaðajarl †
995—1000 Ólafr Tryggvason, König von Norwegen
996—997 Stefnir þorgilsson, als Missionar von König Ólafr Tryggv. nach Island geschickt
997   Ankunft von König Ólafs Missionar Þankbrand (Íb. k. 7)
998   Þankbrand tauft den Hallr í Haukadali (Íb. k. 9), erschlägt den Skalden Vetrliði
999   Hjalti Skeggjason wegen Götterlästerung verurtheilt. Gizurr hvíti und Hjalti nach Norwegen (Íb. k. 7)
1000   gesetzliche Einführung des Christenthums in Ísland auf dem Alding (Íb. k. 7)
1000   Schlacht bei Svoldr (wend. Ostseeküste), wo König Olafr Tryggv. besiegt wird und fällt
1000—1010 Entdeckung Vínlands in Nordamerika
1000—1015 Sveinn tjúguskegg, Ólafr skautkonungr, Eiríkr und Sveinn Hákonarsynir, Könige von Norwegen
1002—1003 Grímr Svertingsson, lögsögumaðr (2 J.) Íb. k. 8
1004—1030 Skapti þóroddsson, lögsögumaðr (27 J.) Íb. k. 8
1004   Errichtung des Fünftgerichtes (Íb. k. 8)
1006   (Bisch.) Ísleifr geboren (Íb. k. 9)
1015—1030 Ólafr helgi (digri) Haraldsson, König von Norwegen
1016—1021 Bjarnharþr bókvísi, Bischof auf Island (Íb. k. 8)
1025   Hallr errichtet sein Gehöft im Haukadalr (Íb. k. 9)
1025—1028 Kolr, Bischof auf Ísland (Íb. k. 8)

1030 — 1049 Hróðólfr, Bischof auf Island (Íb. k. 8); † 1052
1031 — 1033 Steinn þorgestsson, lögsögumaðr (3 J.) Íb. k. 8
1034 — 1053 þorkell Tjörvason, lögsögumaðr (20 J.) Íb. k. 8
1035 — 1047 Magnús góði Ólafsson, König von Norwegen
1047 — 1066 Haraldr harðráði Sigurðarson, König von Norwegen
1049 — 1053 Jón írski, Bischof auf Island (Íb k. 8)
1051 — 1070 Bjarnharþr saxlenzki, Bischof auf Isl. (Íb. k. 8)
1054 — 1062 Gellir Bölverksson, lögsögumaðr (9 J.) Íb. k. 8
1056 Sæmundr Sigfússon geboren; Ísleifr zum Bischof von Ísl.
geweiht Íb. k. 9
1063 — 1065 Gunnarr spaki, lögsögumaðr (6 J.) Íb. k. 9
1066 — 1069 Magnús Haraldsson, König von Norwegen
1066 — 1071 Kolbeinn Flosason, lögsögumaðr (6 J.) Íb. k. 9.
1068 Are þorgilsson, geboren
1069 — 1093 Ólafr kyrri, König von Norwegen
1072 — 1074 Gellir Bölverksson, lögsögumaðr (3 J.) Íb. k. 9
1075 Gunnarr spaki, lögsögumaðr (1 J.) Íb. k. 9
1076 Sæmundr Sigfússon kehrt nach Island zurück (Íb. k. 9)
1076 — 1083 Sighvatr Surtsson, lögsögumaðr (8 J.) k. 9
1080 Bischof Ísleifr † (Íb. k. 9)
1082 Gizur, Ísleifs Sohn, zum Bischof geweiht (Íb. k. 10)
1084 — 1107 Markús Skeggjason, lögsögumaðr (24 J.) Íb. k. 10
1093 — 1095 Hákon Magnússon, König von Norwegen
1095 — 1103 Magnús berfœttr, König von Norwegen
1097 Bischof Gizur führt den Zehnt auf Island ein (Íb. k. 10)
1101 — 1102 Erhebung von Skálaholt zum Bischofssitze
1102 — 1105 Volkszählung auf Island (Íb. k. 10)
1103 —(1130) Ólafr († 1115), Eysteinn († 1122) und Sigurðr († 1130),
Magnússynir, Könige von Norwegen
1106 Jón Ögmundarson zum Bischof geweiht
1107 Bischof Gizur errichtet noch einen zweiten Bischofssitz
für das Nordviertel zu Hólar (Íb. k. 10)
1106 — 1116 Úlfheðinn Gunnarsson, lögsögumaðr (9 J.) Íb. k. 10
1117 — 1122 Bergþórr Hrafnsson, lögsögumaðr (6 J.) Íb. k. 10
1117 Aufzeichnung der Gesetze bei Haflíði Már$sson (Haflíðaskrá
oder Bergþórslög) Íb. k. 10
1118 þorlákr Runólfsson zum Bischof geweiht (Íb. k. 10)
Bischof Gizur † (28. Mai) Íb. k. 10 (vgl. Bp I, 70, not. 3)
1120 aldamót (Íb. k. 10)

1119 — 1121 Streitigkeiten zwischen Haflíði Mársson und þorgils Odda-
son (Sturl I, 5—27 vgl. Isl. I, 330)
1121 Bischof Jón Ögmundarson zu Hólar †
1122 Ketill þorsteinsson zum Bischofe für Hólar geweiht (Bp I,
73, not. 2)

1122—1133 Christenrecht der Bischöfe Þorlákr und Ketill (s: Maurer,
                Graag. 20[b])
1123—1134 Guðmundr Þorgeirsson, lögsögumaðr (12 J.)
1130—(1139) Haraldr gilli († 1136) und Magnús blindi († 1139), Könige
                von Norwegen
1133   Gründung des ersten Klosters auf Island, zu Þingeyrar
1133   Bischof Þorlákr Runólfsson †; Sæmundr Sigfússon †
1135—1138 Hrafn Úlfheðinsson, lögsögumaðr (4 J.)
1136—1155 Sigurðr Haraldsson, König von Norwegen
1139—1145 Finnr Hallsson, lögsögumaðr (7 J.)
1145   Bischof Ketill Þorsteinsson †
1146—1155 Gunnarr Úlfheðinsson, lögsögumaðr (10 J.)
1147   Björn Gilsson zum Bischof von Hólar geweiht
1148   Are Þorgilsson †

ABWEICHUNGEN DER SCHREIBWEISE IN VORLIEGENDEM TEXTE DER ÍSLENDINGABÓK VON DER NORMALEN

---

1. Vocale

ai = ey: aicsc (*d. i:* eyksk, *s:* anka), — airi (*in:* Minþacsairi), Aisteinn (*neben* Eyst.), draimþi, Fraija, grai, naizlo, Raikjarvíc

ay = ey: Ayfirþingar (*neben* Eyfirþ.), Frayr, caypti

e = i, 1. *im Stamm:* enn, en, et *art;* 2. *in Ableit. u. End. in der Regel nach* a, á, æ, e, ǿ, o, ó, œ, ö (*während* i *nach* i, í, y, ý, u, ú, ei)

e = ei: Marten, jartecnir

e = ǿ: mer, ser, ver, rett, -retta (*in:* lög-r.), setti, her, heþan, gengo (geing- *AB*)

eá = já: geá

i = e (é): gingo, gingit

o = u, 1. *im Stamm:* Gola-, Goþ-, mon, -foss (*in:* Ölfoss?); 2. *in Ableit. u. End. überall*

ó = vá: órr *noster* (*doch:* várt)

u = ú: u- (*d. i:* un-), *überall*

ó = á: bóro, bóþo, fó, fóm (*d. i:* fáum), -gó (*in:* goþ-gó), góto, hótíþ, hvórotveggia, jótto, mól, mónoþr, Mós (*s:* Már *s.* 47), nótt, -ó (*in:* Ölfossó), Ólfs (*s:* Álfr í Dölom *s.* 41), ór *und* -ór (*in:* hlaupór): Ętη, ótto, Póls, qvómo, qvóþosc, róþ, -scólcr (*in:* Goþiscólcr), só (*d. i:* sáu), þógo, vón, vóro (*AB* 369, *nr.* 23 *sonst* vᵒ *oder* voro), vóttom

ö = e: öfra; ö = au: Öþr; ö = ey: göja

y = vi (i): Ósyfr; y = u: mynþo

---

e *epenth. in* þorgestcs- = þorgesta-

---

2. Consonanten

c *wechselt mit* k, *in* ck, cc, sc = kk, sk
dt = tt: leidt, nidt, virdt
g = gn: Rögvalds
k = kk: þykir, Fracland, fécsc
mb = m: umb *und* umb-
mn = fn: Hramn, jamn, namn
q = k: qvómo, qvæme, qvóþosc, nacqvat, qviþling
r = rr: þeira, þeiri, norœnn
rr = r: síþarr, meirr
s = r: es (1. *part. rel.* 2. 'est'), vesa, vas, vasc
þ = ð: *überall nach Vocc. und* f, g, r
þ = d: *nach* l: talþe, tölþo, ótalþir, alþamót, helþr, scylþi, scylþo,
   vilþi, vilþo, felþ, -sælþ (*in:* ástælþ), -hilþar (*in:* þórhilþar)
   nach m: draimþi
   nach n: gegnþe, munþe, munþo, mynþi, mynþo, stanþa,
   veganþe, kenþe, erinþi, nefnþe, sanþr, hunþraþ, unþan,
   Sæmunþr, Ögmunþr, þangbranþr (*AB* 377, *n.* 24)
þ = t: ritiþ, taliþ, tekiþ, látiþ, setiþ; *nach* k *in:* mercþo
v *wechs. mit* p *in:* páve *und* pape

ABKÜRZUNGEN

NB die übrigen Abkürzungen s: in meinem Glossar s. IX ff.

VERZEICHNISS DER PERSONEN- UND ORTSNAMEN

Bláskógar (í Bláskógum 5 12) d. i: *'Schwarzwälder'*; Bláskóga-heiðr (jetzt: Gagn-heiði) *am Nordfuss des* Ármannsfell, *nördl. vom* Ölfussvatn

Blundketill (Blunketils [Blunketils *AB*] 6 21 23): Blund-Ketill, *Enkel des* Ketill blundr; *Vater des verbrannten* þorkell *cf.* Safn I, 216 323

Bölverkr (Bülverks 10 21): B. Eyjólfs son ens grá, *Vater des* Gellir lögsögumaðr

Borgarfjörðr (í Borgarfirþi 6 26) d. i: *'Burgbucht'* vgl. Isl I (*Landn.* I k. 19) 57 extr., *tief-einschneidende Bucht an Islands Westküste*

Brandr (Brands 14 29): Br. Gellisson, *Oheim des* Ari fróði

Braut-Önundr 14 21 d. i: *'Weg-Önund'*, Ö. Yngvarsson (*Yngl.) Hkr.* I k. 37

Breiðabólstaðr (á Breiðabólstað 14 2) d. i: *'das breite Bólstaðr (d. i: Hofstätte)'*, Br. á Síðu, *Wohnsitz des* Hrollaugr landnámsmaðr

Breiðfirðingar 4 29 (τῶν Br.-inga 12 17 14 15): *Bewohner der um den* Breiðifjörðr *liegenden Küsten*

Breiðifjörðr (í-, or Breiðafirði 4 29 6 19 14 5) d. i: *'breite Bucht'*, die *nördlichere der beiden grossen Buchten an Isld's Westküste*

Dagr 14 18: Dagr Dyggvason (*Yngl.) Hkr.* I k. 21

Dalir (í Dölum 6 30) d. i: *'Thäler'*; Dalir = Breiðafjarðar-Dalir (Laxárdalr, Hauka-d., Snóks d., Hörða-d. usw.), *Landstrich östl. und südöstl. vom* Hvammsfjörðr

Danir (τῶν Dana 9 33): *Dänen*

Danmörk (or-, í Danmörku 9 14 13 6): *Dänemark*

Djúpdœlir 4 35: *Bewohner des* Djúpidalr d. i: *'Tief-Thal' am* Eyjafjörðr *an Isld's Nordküste*

Dómaldr 14 18: D. Visbursson (*Yngl.) Hkr.* I k. 18

Dómarr 14 18: D. Dómaldsson (*Yngl.) Hkr.* I k. 19

Dyggvi 14 18: D. Dómarsson (*Yngl.) Hkr.* I k. 20

Eadmundr hinn helgi Englakouungr (τὸν Eadmund 41 τοῦ Eadmundar 6 24 9 36 13 24), *gewöhnl:* 'Játmundr'; *St.* Eadmund, *seit* 855 *König der Ostangeln,* † 870 *Lappenberg* I, 306

1 **Egill** (Egils 14 3): E. Síðu-Hallsson

2 **Egill** (Egils 6 25): E. Skallagrímsson, *der bekannte Skald (geb* 904 † 990, *s:* Catal. 179) *cf. Eg.* (1856) 209ro

3 **Egill** vendilkráka 14 20: E. Auns son hins gamla (*Yngl.) Hkr.* I k. 30. *Der Beiname* vendilkráka *in* Hkr *dem* Óttarr, *nur in* Íbk *und in* Fant, Scriptt. rec. Svec. I, 1 ('Eghil cognomento Vendilcraco') *dem* Egill *beigelegt, s:* Isl I, 19 n. 3

Einarr (Einars 14 11): E. Auðunar son rotins ok Helgu

1 **Eirikr** hinn rauði 7 16 (τῷ Eiríki 7 28): E. h. r. þorvaldsson, *der erste Besiedler Grönlands*

2 **Eirikr** (Eiriks 9 34): E. Bjarnarson hinn sigrsæli *König von Schweden* c. 950—995; *Königsfeldt s.* 150 n. 3

3 **Eirikr** (τὸν Eirík 9 34): E. jarl Hákonarson † 1023; *Königsf. s.* 115 n. 55

Eiriksfjörðr 7 17 *'Erichsbucht'*, die *von* Eirikr hinn rauði *besiedelte und nach ihm benannte Bucht an Grönlands Küste; vgl.* GrhM III, 864—65

Englar (τῶν Engla 4 1 13 24): *Angeln, bez. Ostangeln in England*

England (á Englandi 11 2 á England 13 25): *England*

Eyfirðingar 4 31 (τῶν Eyfirðinga 12 18): *Bewohner des* Eyjafjörðr

Eyjafjörðr (í Eyjafirði 4 31 35 14 11 τὸν Eyjafjörð 7 7): *'Inselbucht', tief einschneidende Bucht an Isld's Nordküste*

1 **Eyjólfr** (Eyjólfs 14 12): E. Valgerðarson ok Einars Auðunarsonar á Möðruvellum † 985; *s: Safn* I 497

2 **Eyjólfr** (Eyjólfs 14 12): E. hinn halti Guðmundar son hins ríka; *s: Safn* I, 486

3 **Eyjólfr** 14 27: E. hinn grái Þórðar son gellis, *s: Safn* I, 349—51

1 **Eysteinn** 13 21: E. Magnússon, *König von Norwegen* 1103—1122; *Königsf. s.* 129 *n.* 1

2 **Eysteinn** 14 21: E. *(Yngl.) Hkr* I *k.* 35

3 **Eysteinn** (Eysteins 3 9): E. fretr Hálfdanarson hvítbeins *(Yngl) Hkr* I *k.* 51

Eyvindr austmaðr (τοῦ Eyvindar 4 30): E. a. Bjarnarson (*geb. c.* 820) *s: Safn* I 257

Fjölnir 14 17: Fj. Yngvi-Freys son *(Yngl.) Hkr* I *k.* 14

' **Flosi** (τοῦ Flosa 11 1), *Vater des* Kolbeinn lögsögumaðr

Fóka keisari (τοῦ Fóku 13 26): *Phokas byz. Kaiser* 602—610

Frakkland (af Frakklandi 11 5) 'Francia' AM (in vita Sæm. p. II) *Frankenreich? Frankreich?*

Freyja 8 19, *die Asin*

Freyr 14 16: Fr. Njarðarson *(Yngl.) Hkr* I *k.* 12

Frið-Fróði (τοῦ Frið-Fróða 14 17): Fr.-Fr. Danakgr. at Hleiðru *Hkr* I *k.* 14

Friðrekr 10 2: *erster ausländ. Bischof auf Island cf. Bp* I *Safn* I 493 —500: J. 981. 982—986. 984. 986. — *Maurer, Bek* I 205—223 u. 706

Fróði *s:* Frið-Fróði

Gautland (á Gautlandi 11 24), *Ost- und West-Götland in Schweden*

1 **Gellir Bölverksson** 10 21 36 11 2: G. B. lögsögumaðr *der JJ.* 1054—1062 *und* 1072—1074; *s: Safn* II 18 *n.* 10 *und* 20 *n.* 13

2 **Gellir** Þorkelsson 10 34 14 28 (τοῦ Gellis 3 24 4 24 6 4 7 25), *Grossvater* (föður-faðir) *und Erzieher Ares bis in dessen 6. Jahr, geb.* 1017 (*s: Safn* I 508) † 1074

Gisröðr 11 25 *Namen des Bischof Gizur in Gautland*

1 **Gizur** hinn hvíti Teitsson 7 32 8 4 30 29 10 22 (τοῦ Gizurar 13 31), *einer der ersten Isländer, die sich taufen liessen, Vater des Bischof* Ísleifr u. *Grossvater des Bisch.* Gizur

2 **Gizur** byskop Ísleifsson 10 30 11 21 27 33 12 7 34 13 2 4 11 12 14 16 (τοῦ Gizurar 13 32 τῷ Gizuri 3 18 14 9), *zweiter einheim. Bischof über ganz Island* 1082—1106, *zu* Skálaholt — 1118, *s: Maurer, Bek* II 592—96 *u.* 707

Goðiskálkr 10 6 *d. i: Gottschalk, ausländ. Bischof auf Island, s: Maurer, Bek* II 581 *n.* 586

1 **Gregorius páfi** I. (τοῦ Gregorius 13 24) 590—604

2 Gregoríus páfi, VII. 13 5 *der JJ* 1073—1085
Grikkir (τῶν Grikkja 13 19), *Einwohner des griechischen Kaiserthums*
1 Grímr geitscór 5 3, *Pflegebruder des* Úlfljótr; *cf. Safn* I 308
2 Grímr at Mosfelli Svertingsson 10 8, lögsögumaðr 1002—1003, *s: Safn*
    II 15 -16
Grœnland 7 15 (Grœnlands 3 16 Á Grœnlandi 7 25 Grœnland [*acc.*] 7 18)
    d. i: das grüne Land (vgl. 7 19) *Grönland, im NO von Nordamerika*
Grœnlendingar 7 22, *Einwohner von Grönland*
1 Guðmundr þorgeirsson 12 22, lögsögumaðr 1123—1134 *s: Safn* II 22
    n. 19
2 Guðmundr (τοῦ Guðmundar 14 19): G. hinn ríki Eyjúlfsson *geb.* 954
    od. 955 † 1025, *s: Safn* I 495—500 (*d. JJ.* 985. 1003, 1008, 1014)
1 Guðröðr veiðikonungr (τοῦ Guðröðar 3 10): G. v. (eða hinn mikilláti)
    Hálfdanar son hins milda ok hins matarilla *(Yngl.) Hkr* I *k.* 53
2 Guðröðr 14 23: G. Hálfdanarson hvítbeins *cf. Hkr* I *k.* 49 (Svía-
    konungr?)
3 Guðröðr (τοῦ Guðröðar 10 17): G. Bjarnarson, *König von Vestfold*
    Hkr III 2
Gulaþingslög 4 36: *das für die zum* Gulaþing *gehörigen norw. Land-
    schaften gültige Gesetz;* Gulaþing: *das auf der Insel* Gul *in* Norðhörðaland
    abgehaltene Ding; über die uns erhaltenen Gulaþingslög (*NgL* I 1—118)
    s: Maurer, Ztschr. f. deutsche Philol. I 51
1 Gunnarr (Gunnars 4 35): G. Úlfljótsson, *Stammvater der* Djúpdœlir
2 Gunnarr (τὸν Gunnar 5 14): *Bruder des* þorvaldr kroppinskeggi
3 Gunnarr (Gunnars 6 24): G. Hlífarson
4 Gunnarr (Gunnars 7 11 12 20), *Vater des* Úlfheðinn lögsögumaðr
5 Gunnarr hinn spaki 10 35 11 3; G. h. sp. þorgrímsson, lögsögumaðr
    1063—1065 *und* 1075, *s: Safn* II 19 *n.* 11 *und* 20 *n.* 14
Hængr (Hængs 5 22) *d. i:* Ketill hængr þorkels son Naumdœlajarls
    (*Isl* I, 281¹), *Vater des* Hrafn lögs.; hængr, *m: salmo*
Haflíði Mársson (τοῦ Haflíða 12 24), *einer der mächtigsten Häuptlinge im
    isl. Nordland (Bp* I 31¹), *nach ihm die bei u. mit ihm verfasste* Haflíða-
    skrá *s: Maurer, Graag* 20ª; † 1130 (Annál. ísl.)
Hákon (τοῦ Hákonar 9 35): H. jarl inn ríki (Hlaðajarl) † 995; *s:
    Königsf. s.* 113 *n.* 42
1 Hálfdan hvítbeinn Upplendinga konungr 3 8 14 22: H. hv. U. Ólafsson
    trételgju *(Yngl.), s: Hkr* I *k.* 48 49
2 Hálfdan hinn mildi ok hinn matarilli (τοῦ Hálfdanar 3 9): H. Eysteins-
    son *(Yngl.), s: Hkr* I *k.* 52
3 Hálfdan hinn svarti (τοῦ Hálfdanar 3 11 21) H. h. sv. Guðröðarson Upp-
    lendingakgr (*norw.*) — *c.* 860, *Vater von König* Haraldr hinn hárfagri,
    s: Hkr II
4 Hálfdan Sigurðar son brísa (τοῦ Hálfdanar 10 23): *König von* Haðafylki
    (*norw.*) *c.* 900, *s: Hkr* III *k.* 25 *und* 35, *Königsf. s.* 111 *n.* 14
Hallfríðr (τῆς Hallfríðar 14 8): H. Snorradóttir, *Mutter des Bischof*
    þorlákr Runólfsson *zu* Skálaholt

1 Hallr í Haukadali 10 31 11 13 (Halls 10 33 12 36): H. hinn spaki (*oder* mildi) Þórarinsson, *Pflegevater des* Ari fróði, *geb.* 995 † 1089, *s: Safn* I 201. 433

2 Hallr á Síðu Þorsteinsson 7 30 (Halls 14 2 τὸν Hall 8 35) *oder:* Síðu-Hallr, *geb. c.* 945 † *zw.* 1012 *und* 1024, *s: Safn* I 495 *u.* 491

3 Hallr (Halls 10 31): H. Teitsson Ísleifssonar

4 Hallr Órœkjuson 5 15, *einer von* Are's *Berichterstattern* Hallstoinn (Hallsteins 5 36): H. Þórólfs son mostrarskeggja

1 Haraldr hinn hárfagri 4 4 15 19 5 25 (Haralds 3 11 30 7 27 10 18): H. h. h. Hálfdanar son hins svarta *erster Alleinherscher Norwegens*, 860—930 *s: Hkr* III, *Königsf. s.* 109 *n.* 1 *und Maurer in Pfeif. Germ.* XIV, 27—40

2 Haraldr rex 11 2 (Haralds 10 23 11 22 13 22): H. hinn harðráði Sigurðarson, *norweg. König* 1047—1066, *s: Hkr* IX, *Königsf. s.* 120 *n.* 95

3 Haraldr (Haralds 9 33): H. blátönn Gormsson, *dän. König c.* 940—987, *Königsf. s.* 5 *n.* 4

4 Haraldr (Haralds 10 17): H. hinn grenzki Guðröðarson, *König von Vestfold,* † *c.* 995, *Königsf. s.* 114 *n.* 46

Haukadalr (í Haukadali 10 31 11 17 12 36), *im* Arnessþing *nördl. von der Springquelle* Geysir, *Wohnsitz des* Hallr Þórarinsson

Heinrekr 10 4, *einer der ausländ. Bischöfe auf Island* 'Henrich biskup' Bp I, 65⁴ *s: Maurer, Bekehr.* II 585—6

1 Helga (τῆς Helgu 6 24): H. Ólafs dóttir feilans *Isl* I (*Landn* II *k.* 19) 116¹¹

2 Helga (τῆς Helgu 14 11): H. Helga dóttir hins magra

1 Helgi hinn magri Eyvindar son austmanns, landnámamaðr 4 30 14 10

2 Helgi 14 24: H. Ólafs son Guðröðarsonar?

3 Helgi (τοῦ Helga 6 3): H. Óttars son ok Gró hinnar kristnu Hersteinn Þorkels son Blundketilssonar 6 23

Hierúsalem (τῇ Hierúsalem): *Jerusalem* 13 17 *vgl.* Jórsalir

Hjalti Skeggjason or Þjórsárdali 7 31 8 4 14 25 30 *einer der zuerst getauften Isländer, geb. c.* 965 (*Safn* I 201) *s: Maurer, Bekehr.* II, 712—713

Hœnsna-Þórir 6 33 (τῷ H-þóri 6 21) *d. i:* 'Hühner-Thore' (*wegen seines Hühnerhandels) s:* Hœnsa-Þórissaga *in Isl* II (1847) 124¹⁵⁻¹⁹. *NB. In den Hdss. wechs.:* Hænsa-, Hœnsna-, Hæsna- *od.* Hœsna-þ. *s: Isl* II, 121, *n.* 1

Hörðakári (τοῦ Hörðakára 5 1) *d. i:* Hörða-Kári (*d. i:* Kári *aus dem norweg.* Hörðaland) *Sohn des* Áslákr Bifra-Kári, *Vater des* Þorleifr hinn spaki

Hólar (at Hólum 10 29 13 9 14 4 13): Hólar í Hjaltadal, *sö. vom* Skagafjörðr *an Islds Nordküste, zweiter Bischofssitz auf Island* 1106[—1801]; *hólar, npl von* hóll (*od.* hváll), *m. rundl. Hügel*

Hrafn 5 22 27 (Hrafns 17 21): Hrafn Hængsson, lögsögumaðr 930—949, *nach* Úlfljótr *der erste lögs. auf Island* (.. Hrafn, er fyrst sagði lög upp á Íslandi *Isl* I 282⁶) *s: Safn* II 13 *n.* 2, *geb. c.* 879, *s: Safn* I 281

Hrollaugr 4 25 14 1: Hr. Rögnvalds son Mœrajarls á Síðu, landn.

Hroðólfr 10 3: 'Rúðólfr biskup' Bp I 65⁴, einer der ausländ. Bischöfe auf Isl., s: Maurer, Bekehr. II 582 n. 62 und 723

Hvammr (í Hvammi 14 5): Hv. i Hvammssveit, am Hvammsfjörðr im Breiðifjörðr; hvammr, m. Niederung

1 Ingjaldr hinn illráði 14 22: I. h. i. Braut-Önundarson (Yngl.) Hkr I k. 38—40 42

2 Ingjaldr 14 24: I. Ólafs son trételgju (Yngl.) Hkr I k. 50

Ingólfr 4 3 (Ingólfs 5 9 7 12) I. Arnarson, landnámamaðr, der erste Besiedler von Island, geb. c. 849, s: Safn I 201—206

Ingólfs-fell 4 8, ein nach Ingólfr benannter Berg am rechten Ufer der Ölfuss-á, an der SW. Küste von Island

Ingólfs-höfði 4 6, ein nach Ingólfr benanntes Vorgebirg an der südlichen Küste von Island

Ísland 3 20 4 9 32 5 21 12 7 14 28 (Íslands 3 14 4 4 23 Íslandi 7 16 10 1 12 6 9 14 26 Ísland (acc.) 3 17 5 4 7 25 28 9 31 12 19 14 28) die Insel Island, s: Gloss.

Íslendingar (τῶν Íslendinga 3 1 13 29) Bewohner der Insel Island

Íslelfr Gizurar son hins hvíta 10 22 25 29 11 6 33 (Ísleifs 3 23 11 19 21 13 32 Ísleifi 3 17) geb. 1006, erster einheimischer Bischof über ganz Island, zu Skálaholt, 1056—1080, s: Maurer, Bekehr. II 587—91 n. 715 und Altnord. Anm. 6 (s. 55)

Ívarr Ragnars son loðbrókar 3 25 (od: Ingvarr), s: Munch, I 623. 688

1 Jón (od. Jóan) 10 29 13 9 (Jóans 14 3 Jóanni 14 14): Jón biskup hinn helgi Ögmundarson, erster Bischof zu Hólar auf Island 1106—1121, s: Jóns sögur biskups in Bp I, 149—202 u. 213—260 Maurer, Bekehr. II 599

2 Jón (od. Jóhann) 10 4: J. hinn íraki, einer der ausländ. Bischöfe auf Isl., s: Maurer, Bekehr. II 583—85

Jörundr 14 19: J. Yngva son (Yngl.) Hkr I k. 26—28

Jófríðr (τῆς Jófríðar 6, 24): Jófríðr Gunnars dóttir Hlífarsonar

Jórsalir (τῶν Jórsala 13 17): d. i: jöfurs salir principis aulæ, altn. Form und Deutung von Jerusalem cf. Hierúsalem

Karlsefni (τοῦ Karlsefnis 14 8) d. i: þorfinnr karlsefni þórðarson Vorfahr des Bisch. þorlákr Runólfssou; Vinlandsfahrer 1003—1007, s: Munch I 2, 458—460 und Antiqu. Am. u. GrhM.

Ketilbjörn Ketilsson 4 26 13 30 (τοῦ Ketilbjarnar 7 32): K. hinn gamli, at Mosfelli, landnámsmaðr

1 Ketill (Ketils 4 26), Vater von Ketilbjörn hinn gamli landnámsmaðr

2 Ketill flatnefr (Ketils 4 28): K. fl. Bjarnar son bunu, ein norweg. Herse, Vater der Auðr hin djúpauðga

3 Ketill (Ketils 14 13 τῷ Katli 3 2): K. biskup þorsteinsson, zweiter Bischof zu Hólar 1122—1145, s. Maurer, Bek. II 599—600 u. 715

Kjalarnes (á Kjalarnesi 5 8), gegenüber Reykjarvík, am Kollafjörðr im Faxafjörðr, an Isld's Westküste. Dingstätte vor Erricht. des Alding

Kolbeinn Flosason 11 1 (Kolbeins 11 4), lögsögumaðr 1066—1071, s: Safn II 19 n. 12

1 **Kolr** 10 3, *einer von den ausländ. Bischöfen auf Island, s: Maurer, Bek.*
II 582—583 u. 716

2 **Kolr** 10 28: K. þorkelsson, *Schüler des* Ísleifr bisk., *später Bischof der
norweg. Landsch.* Vík, *s. Maurer, Bek.* II 568 u. 716

3 **Kolr** 5 15 (Kols 5 16), *Name eines Unfreien* (þræll eða leysingr)
Kols-gjá 5 16 *(eine nach dem* (3.) *Kolr benannte Kluft, in welcher sein
Leichnam gefunden wurde)*
Kristnes (í Kristnesi 14 11), *Wohnort des* Helgi hinn magri, *an der
Südspitze des* Eyjafjörðr *an der Nordküste Islands*
Kristr (Krists 9 36 13 27): *Jesus Christus*
Laugardalr (í Laugardali 8 14): L. í Arnessþingi, *ein kleines Thal
ostwärts vom Aldingsfelde* (þingvellir)
Leo VII. pávi 11 7 *irrthümlich statt* Leo IX. (1048—1054) *s: Finn. Joh.
H. Eccl. Isl.* I 264 *not. a Bp* I 61 *n.* 5
Ljósavatn (at Ljósavatni 7 13), *Sitz des Goden* þorgeirr þorkelsson,
südöstl. vom Eyjafjörðr, *am linken Ufer des* Skjálfandafljót
Lón (í Lóni 5 3): Lón í Austfjörðum, *Landschaft am rechten Ufer der*
Jökulsá *an Islands Ostküste, Wohnsitz des* Úlfljótr *Isl.* I, 257⁶ ¹⁰; Lón
d. i: lón, n. *(stromlose Stelle eines Flusses)?*
Magnús (τὸν Magnús 13 22): M. berfœttr Ólafs son kyrra, *norweg.
König* 1095—1103, *s: Hkr* XI, *Königsf.* 123 *n.* 141
Markús Skeggjason 11 25 (τοῦ Markús 12 1 τὸν Markús 12 20), *lÃg-
sögumaðr* 1084—1107, *s: Safn* II 20 *n.* 16; *der zweitbeste Jurist auf
Island nach* Skapti þóroddsson, *vgl:* hann hefir vitrastr verit lögmanna
á Íslandi, annarr en Skapti *Bp* I (Kristni *s. k.* 12), 28³
Már (τοῦ Más [*Isl.* I 116 *n.* 11 *u.* 222⁷] — Máss — Márs 12 24): M.
Húnrauðarson, *Vater des* Haflíði
Marteinn (Marteins 11 19): M. hinn helgi biskup *d. i:* Martinus
episcopus Turonensis, *erster Schutzpatron Norwegens, ehe diess König*
Ólafr Haraldsson *wurde*
Mikligarðr (í Miklagarði 13 20) *d. i: magna urbs, Byzantium (Constan-
tinopolis)*
Minþakseyri (τὴν Minþakseyri 4 7), *kleine Landzunge an der südöstl.
Küste Islands;* minnþak *s: mein Gloss.*
Mœri (á Mœri 4 25): Norðr- *und* Sunn-Mœri, *zwei Landschaften, getrennt
durch d. Landsch.* Raumsdalr *an der Nordwestküste Norwegens, Hersch-
gebiet des* Rögnvaldr jarl; mœri *(von* mar, n: *mare), n: Küstenstrecke*
1 **Mosfell** (τῷ Mosfelli 4 27 7 33 13 30): M. hit efra í Grímsnesi, *nord-
westl. von* Skálaholt
2 **Mosfell** (at Mosfolli 10 8): M. hit neðra í Mosfellssveit
Mosfellingar 4 28 *die Nachkommen des* Ketilbjörn hinn gamli at
Mosfelli hinu efra
Njörðr Svíakonungr *(Yngl.)* 14 16 *s: Hkr* I *k.* 11
Norðlendingar 12 14 (τῶν Norðlendinga 7 5): *Bewohner des isländ. Nordviertel* (Norðlendinga fjórðungr) *d. h. der an Islands Nordküste gelegnen
Landschaften*

Norðmenn (of) 4 11 *Norweger*

Norvegr (*od.* Noregr), τοῦ Norvegs 4 23 10 23 τῷ Norvegi 3 12 3 20 4 15 33 9 14 35 10 14 11 6 13 21 τὸν Noreg 7 28: *Norwegen*

Oddr (Odds 6 19 33) *oder* Tungu-Oddr (*s: diess*) 6 20: O. Önundar son breiðskeggs, *mächtiger Häuptling im* Borgarfjörðr

Öðr *s:* Auðr

Ögmundr (τοῦ Ögmundar 13 8): Ö. Þorkelsson, *Vater des Bischof* Jón *zu* Hólar

Ölfussá (τὴν Ölfussá 4 8) *d. i:* Ölvis á? *einst Name für den Abfluss des* Ölfussvatu (*od.* Þingvallavatn), *jetzt nur für den mit dem Sog-flüsschen vereinigten grossen Fluss* Hvitá, *bei seiner Mündung an Islands Südwestküste*

Ölfussvatn (hjá Ölfussvatni 8 20) *d. i:* Ölvis vatn? *früherer Name des* Þingvallavatn, *des grossen Binnensees, an dessen nordöstl. Gestade das* Aldingsfeld (Þingvellir) *lag*

NB. Ölfus- *und* Ölvis- *schwanken in den Hdss.; nach* Ölvir barnakarl Einarsson? *nach* Eiríkr öl·fúss? *vgl* Safn I 289 *n.* 1

Örnólfr 10 6 *d. i:* Arnulf, *ausländ. Bisch. auf Isl.*

Örnólfsdalr (í Örnólfsdali 6 22), *Hof, nach seinem ersten Besiedler* Örnólfr (*Isl.* I [*Landn.* II k. 2] 67 *extr.*) *benannt, am linken Ufer der* Þverá, *Wohnsitz des* Hœnsa- Þórir

Özurr (τοῦ Özurar 14 2): Ö. keiliselgr Hrollaugsson, *Vorfahr des Bisch.* Jón *zu* Hólar

1 Ólafr trételgja 14 22 (Ólafs 3 8): Ó. tr. Ingjalds son (*Yngl.*) *s: Hkr* I k. 46 47

2 Ólafr 14 23: Ó. Guðröðarson (*Yngl.*) *s: Hkr* I k. 54

3 Ólafr (Ólafs 7 27): Ó. Geirstaða-álfr Haralds son hárfagra, *König in* (*norw.*) Vík, *Vater von* Tryggvi *und Grossvater von König* Ólafr Tryggvason, † *c.* 934, *s: Königsf.* 110 *n.* 11

4 Ólafr Tryggvason 7 27 9 31 10 18 (Ólafs 11 12 13 23 Ólafi 7 37) *König von Norwegen*, 995—1000, *s: Hkr* VI, *Königsf.* 113 *n.* 45

5 Ólafr hinn sœnski (Ólaf 9 53): Ó. h. s. (*od.* skautkonungr) Eiríksson, *König von Schweden*, 995—1021 (*od.* 1022), *s: Königsf.* 160 *n.* 12

6 Ólafr hinn digri 4 21 10 17 (Ólafs 11 21): Ó. h. d. *od.* hinn helgi Haraldsson, *König von Norwegen* 1015—1030, *s: Hkr* VII, *Königsf.* 117 n. 71

7 Ólafr (Ólafs 13 22): Ó. hinn kyrri Haralds son harðráða, *König von Norwegen* 1069—1093, *s: Hkr* X, *Königsf.* 121 *n.* 103

1 Óleifr hjalti (Óleifs 5 26), *Vater des* Þórarinn lögsögumaðr

2 Óleifr feilan 14 36 (Óleifs 6 19 14 6): Óleifr (*od.* Ólafr) f. Þorsteins son rauða, landnámsmaðr, *geb.* 886 † 948

3 Óleifr hinn hvíti 14 25: Ó. h. hv. Ingjaldsson herkonungr

NB. *über die Namen* Ólafr *oder* Óleifr (*d. i:* Anláfr *od.* Anleifr: *majorum reliquiæ*) *s:* Gíslason, frmp. 183* u. AnO 1860 331 ff.

Ósk Þorsteins dóttir hins rauða (Óskar 5 37), *Mutter des* Þorsteinn surtr

Ósyfr (*od.* Ósvifr) 6 3 10: Ó. hinn spaki Helgason, † 1016, Safn I 275

Óttarr 14 20: Ó. (Ó. vendilkráka *Hkr* I k. 31) Egilsson Svíakgr (*Yngl*), *s: Hkr* I k. 31 *vgl:* Egill vendilkráka

Páll (Páls 11 12): *Paulus apostolus*
Papar (τούς Papa 4 11) *Name der irischen Christen auf Island, der ihnen von den norweg. Ansiedlern gegeben wurde, s: Maurer Bek.* II 722
Paschalis II. pávi (13 16): 1099—1118
1 Petr (Petrs 11 11): *Petrus apostolus*
2 Petrus 10 6 *armen. Bischof auf Island*
Philippus 13 18: Ph. Hallstensson, *König von Schweden,* † 1118, *s: Königsf.* 152 *n.* 34
Ragi (τοῦ Raga 5 26 7 12): R. Óleifs son hjalta, *Bruder des* þórarinn lögsögumaðr
Ragnarr loðbrók (Ragnars 4 1 14 24): R. l. Sigurðar son hrings, *dänischer König, c.* 750—800 *s: Munch* I 1, 357—373
Rangár-hverfi (or R-hverfi 5 23): *Niederung zwischen der östl. und westl.* Rang-á *im Bereich des* Arnessþing *an Islands Südwestküste, Wohnsitz (Heimath?) des* Hrafn Hængsson lögsögumaðr
Rangæingar (τῶν Rangæinga 12 17) *zunächst: Bewohner des Flussthales der beiden* Rang-ár *(der östl. u. westl. R.), sodann: Bewohner des Südens von Island, daher:* Rangæinga-fjórðungr (12 17) = *Südviertel von Island*
Reykjarvík (í Reykjarvík 4 6), *jetzt:* Reykjavík, *Hauptort der Insel, auf* Seltjarnarnes *im* Faxafjörðr, *Südwestküste Islands; Niederlassung des* Ingólfr
Rögvaldr d. i: Rögnvaldr (Rögvalds 4 25): R. jarl á Mœri (*od:* Mœrajarl) Eysteins son glumru † 890, *s: Munch* I 1, 473 514
Runólfr (Runólfs 12 26): R. þorleiksson, *Vater des Bisch.* þorlákr
Sæmundr Sigfússon 11 5 (τοῦ Sæmundar 9 32 11 36 τῷ Sæmundi 3 2): S. prestr hinn fróði Sigfússon *geb.* 1056 † 1133, *s: meinen Catal. p.* 188, *Munch* II 631, *Maurer, Altnord. s.* 8 *u.* (*s.* 55) *Anm.* 7
Síða (á Síðu 4 26 7 31 8 35 14 1 3), *Thalniederung am linken Ufer der* Skaptá, *im* Skaptafells-þing *im Südosten Islands;* siða, *f. Seite, Seitenstrecke*
Síðumenn 4 26 *Nachkommen des* Hrollaugr Rögnvaldsson, *sesshaft zu* Síða
Sigfús (τοῦ Sigfús[s] 11 5): S. prestr Loðmundarson í Odda, *Vater des* Sæmundr fróði
Sighvatr Surtsson 11 4 (τῷ Sighvati 11 26), lögsögumaðr 1076—1083, *s: Safn* II 20 *n.* 15
1 Sigurðr Ragnars son loðbrókar (τοῦ Sigurðar 14 24): S. ormr í auga R. *NB. über Sigurds Beinamen vgl. Grimm Gesch.* I 126—127
2 Sigurðr hrísi (τοῦ Sigurðar 10 24): S. hr. Haralds son hárfagra, *s: Königsf.* 111 *n.* 14
3 Sigurðr (τοῦ Sigurðar 10 23): S. sýr Hálfdanarson, *König von* Hringaríki (*norw.*) † 1018, *s: Königsf.* 114 *n.* 47
4 Sigurðr 13 21: Sigurðr Jórsalafari Magnús son berfœtts, 1103—1130, *s: Königsf.* 129 *n.* 2

Skagafjörðr (í Skagafjörð 7 7), *tief einschneidende Bucht an Islands Nordküste*

Skálaholt (S-holts 12 10 S-holti 11 9 12 9 13 12 14 13 32 14 9) *jetzt:* Skálholt, *nordwestl. von der Mündung der* Brúar-á *in die grosse* Hvitá, *im Bereich des* Arnessþing *im Südwesten Islands, erster Bischofssitz auf Island* 1056[—1801]

Skapti þóroddsson 10 9 11: Sk. þ. (*od:* Lög-Skapti *Isl.* I, 309¹³) lögsögumaðr 1004—1030 *s: Safn* II 16 *n.* 7, *vgl.* Markús Skeggjason

1 Skeggi (Skeggja 7 33): Sk. þorgeirsson, *Vater des* Hjalti; skeggi (*von* skegg, *n: barba*), *m. barbatus*

2 Skeggi 11 30 (Skeggja 11 26): Sk. Bjarna son spaka, *Vater des* Markús lögsögumaðr

Skrælingar (τοὺς Skrælinga 7 23) *Name der Einwohner von* Vinland, *den ihnen die Grönländer (d. i: Isländer auf Grönl.?) gaben, s: Antiqu. Amer. p.* 45 *not. a,* GrhM III 940

1 Snorri (τοῦ Snorra 14 8): Sn. (þorfinns) Karlsefnis son, *Vorfahr des Bisch.* þorlákr Runólfsson

2 Snorri goði (τοῦ Snorra 3 24): Sn. g. þorgrímsson † 1031 *s: Safn* I 500 *u.* 732—733 *u. Eyrb. (Lpz.* 1864) *p.* XI *u.* 138 b

Steinn þorgestsson 10 19, lögsögumaðr 1031—1033 *s: Safn* II 17 *n.* 8

Stephanus 10 7 *armen. Bischof auf Island*

Surtr (Surts 11 4): S. þorsteinsson, *Vater des* Sighvatr lögsögum.; surtr *(d. i: svartr, adj. niger) auch im Beinam:* þorsteinn s.

Svegðir 14 17: Sv. Fjölnisson Sviákgr (*Yngl*) Hkr. I *k.* 15

Sveinn Haraldsson (τὸν Svein 9 33): Sv. tjúguskegg, *König von Dänemark* 987—1014, *s: Königsfeldt* 6 *n.* 7

Svertingr (Svertings 10 8): Sv. Hrolleifs (*od.* Hjörleifs) -son, *Vater des* Grímr lögsögumaðr

Svíar (τῶν Svía 3 9 9 34 13 18 14 16): 'Sviones' *Einwohner Schwedens*

1 Teitr 4 34 8 10 9 30 10 30 11 10 (τοῦ Teits 3 33 10 2 τῷ Teiti 11 13 τὸν Teit 10 31): T. Íleifs son biskups, *mit* Ari fróði *zusammen bei* Hallr í Haukadali *erzogen und einer der Berichterstatter für* Ari

2 Teitr (Teits 13 31 7 33): T. Ketilbjarnarson landnámsmanns, *Vater des* Gizur hvíti *und Grossvater des Bischof* Ísleifr

Tjörvi (τοῦ Tjörva 10 20) *Vater des* þorkell lögsögumaðr

Tryggvi (τοῦ Tryggva 7 27 9 31 10 19 11 12 13 23): Tr. Ólafsson, *König von* Vík *und* Ranmaríki † *c.* 963, *Vater des norweg. König* Ólafr Tryggvason, *s: Königsfeldt* 112 *n.* 26

Tungu-Oddr 6 20 *s:* Oddr

NB. Tungu *von* 'tunga, *f. lingua, eine schmale lange Landstrecke zwischen zwei oder drei Gewässern; in* Hœnsa-þóris *s: k.* 17 (*Isl.* II 185¹⁶) *heisst es von* Oddr, *dass er nach seinem Tode auf dem* Skánoyjarfjall (*jetzt:* Skánoyjartunga) *begraben sein wollte ok kvaðst þaðan vildu sjá yfir* Tunguna *alla, was doch nur auf das Land zwischen der* Reykjardalsá, Hvítá *und dem* Deildargil *gehen kann, wo sein Hof* Breiðabólstaðr *war'* KM

4*

þorleifr hinn spaki Hörðakárason (þorleifs 5 1) *betheiligt sich an der Redaction der isl. Gesetze*

þorleikr (þorleiks 12 36): þ-leikr (*od.* þ-lákr [*vgl.* Óláfr *und* Óleifr]) þórarinsson, *Grossvater des Bisch.* þorlákr Runólfsson

þormóðr 8 8 *ein Geistlicher, der* Gizur *u.* Hjalti *nach Island begleitet, s: Maurer, Bek.* II 732

þóroddr (þórodds 10 10): þ. goði Eyvindarson at Hjalla, *Vater des* Skapti lögsögumaðr

1 þórólfr refr 6 29: þ. r. Eysteins son meinfrets

2 þórólfr mostrarskeggi (þórólfs mostrarskeggja 5 36): þ. m. Örnólfsson landnámsmaðr, *Grossvater des* þorsteinn surtr; † 918 (*Annal. reg.*)
   NB. über d. Namen þórólfr *s:* Eyrb. (1864) p. LI *und* Aarb. *f. n. O.* (1866), *s.* 270*

1 þorsteinn Ingólfsson landnámamaðr 5 8 (þórsteins 7 11)

2 þorsteinn surtr 5 35: þ. s. Hallsteinsson, *Erfinder des* sumarauki (*s: Gloss.*), † 960

3 þorsteinn Egilsson 6 26 *Sohn des Skalden* Egill Sk., † 1015

4 þorsteinn hinn rauði 14 25 (þorsteins 5 37 14 6): þ. h. r. Óleifs son hins hvíta, *Vorfahr des* Ari fróði

5 þorsteinn (þorsteins 14 13): þ. Eyjólfs son halta, *Vater des* Bisch. Ketill *zu* Hólar

6 þorsteinn (þorsteins 7 31): þ. Böðvars son hvíta, *Vater des* Hallr á Síðu þórunn (τὴν þórunni 6 23): þ. Gunnars dóttir Hlífarsonar

1 þorvaldr kroppinskeggi 5 13 *Schwiegersohn des* þórir kroppinskeggi

2 þorvaldr 6 20: þ. Tungu-Odds son

3 þorvaldr 10 31: þ. Ísleifs son biskups

Úlfheðinn Gunnars son hins spaka lögsögumaðr 5 20 7 11 12 19 *Berichterstatter für* Ari *u.* lögsögum.: 1108—1116, *s: Safn* II 21 *n.* 17

Úlfljótr 4 33 5 2 (Úlfljóts 4 34 5 7 τῷ Úlfljóti 5 23), *aus Norwegen, woher er die ersten Gesetze für Island brachte, errichtet das Alding; 'erster* lögsögumaðr 927—929' Jón Sigurðsson (*Safn* II 12 *n.* 1) *'dies rein unmöglich, da vor der Existenz von* landslög *ein* lögsögumaðr *undenkbar'* KM

Upplendingar (τῶν Upplendinga 3 8 14 23): *Bewohner der (norweg.)* Upplönd *d. h. der Binnenlandschaften des östl. und südöstl. Norwegens* (Haða-fylki, Heina-f., Rauma-f., Guðbrands-dalir *und* Eystri-d.)

Uppsalir (at Uppsölum 9 34 14 20), *jetzt:* 'Gammel Uppsala *(altes U.)' in der Nähe von Uppsala, Sitz der Könige in den schwed.* Upplönd, *Tempel- u. Dingstätte*

Úrœkja (τοῦ Úrœkju 5 15), *Vater des* Hallr Úrœkjuson

Valgerðr (τῆς Valgerðar 14 12): V. Runólfsdóttir, *Vorfahrin des Bisch.* Ketill *zu* Hólar

Vanlandi 14 17: V. Svegðis son Svíakgr (*Yngl.*) *s:* Hkr I k. 26

Vellankatla 8 21, *zunächst: Name einer heissen Quelle am nordöstl. Ufer des* Ölfussvatn, *s: mein Gloss.; hier wohl: ein nach ihr benannter und ihr naheliegender Hof*

Vestmanna-eyjar (τὰς V-eyjar 8 8): *eine kleine Inselgruppe an Islands Südwestküste, benannt nach den* vestmenn *(Kelten, keltischen Knechten · des* Ingólfr landnámsm.), *die sich dorthin geflüchtet und dort erschlagen wurden, s: Isl.* I *(Landn* I *k.* 7) 36[13]

Vík (í tÿ Vík 10 29): V. (*oder* Víkin) *in Norw., Name der die Christianiabucht umgebenden Landschaften* (Grenafylki, Vestfold, Vingulmörk *und* Álfheimar); Vík *d. i:* vík, *f. Bucht*

Vinland (Vinland [acc.] 7 22), *jetzt: Massachusetts und Rhode-Island in Nordamerika, entdeckt* 986 *von* Bjarni Herjúlfsson, *genauer untersucht* 1000 *und benannt nach den' dort gefundenen Weinstöcken von* Leifr hinn heppni Eiríks son rauba, *s: Antiqu. Amer., Grh.M., Shl* XII 679 *ff.*

Visburr 14 18: V. Vanlanda son *(Yngl.) s: Hkr* I *k.* 17

Ynglingar (τῶν Ynglinga 14 15): *Name der von* Yngvi (Yngvi-Freyr) *abstammenden schwedischen Könige, s: Hkr* I *Munch* I 1, 209—219. 347 *ff.*

Yngvarr 14 21: Y. Eysteinsson *(Yngl.) Hkr* I *k.* 36

1 Yngvi Tyrkjakonungr 14 16 *Stammvater der* Ynglingar

` 2 Yngvi 14 19: Y. Alreksson (*Yngl.*)²*Hkr* I *k.* 24

á *præp. m. dat. u. acc. in, an; m. dat. örtl.* (*wo?*) 3 6 6 11 29; 4 25 26 7
31 8 25 14 1 3; 7 20 10 26 11 24 5 5 29; 9 10 26 10 32 12 14 16 11 27 25;
10 1 12 6 8 14 26; 6 25 27 8 16; 5 8 19 7 25 11 2 24 14 1; *zeitl.* (*wann?*)
10 16 13 15 26; 11 11 13 14; 10 14 23 11 4 27; 11 19 5 21; á laun, á miðli.
á mót *s: d. WW.; — m. acc. örtl.* (*wohin?*) 3 17 7 24 28 9 31 14 28; 4
8 13 25 8 26 9 5 12 24; leggja á citt (*s:* leggja) 4 9 12 8 sættask (sáttr) á
eitt (*s:* sætta *u.* sáttr) 4 16 7 6; á braut, á henðr, á nýja leik, á marga
vega *s: d. WW. —* á, *adv.* 7 3

áðr *adv. vorher, früher* 5 8 8 15 26 9 26 10 13 12 9 15 áðr (*opp:* eptir) *in:*
et næsta sumar áðr 8 11; *conj. bevor, m. conjunctiv* 5 4 25 7 1

æfi *f. Leben, Lebensdauer,* æfi *nsg* 11 28 æfi *gsg* 11 31 æfi *asg* 3 5

æsta (st) *verlangen;* æstu 3 *pl præt* 13 15 æst *ppr* 8 27

ætla (að) *meinen, beabsichtigen;* ætlaði 3 *sg præt* 8 2

ætlun *f. Meinung; at* ætlun *dsg* 3 22

ætt (*od.* átt *in* áttar- 3 4 *AB*) *f. Geschlecht, in:*

ættar-tala *f. Geschlechtsregister, Aufzählung der Vorfahren und Ver-
wandten;* æ-tala *nsg* 13 29 æ-tölu *asg* 3 4

af *præp. m. dat. von, aus -von, in Folge von* 7 16 10 15 11 5 11 34 35 36
12 31 34 es — af (*s:* es) *wovon* 9 15 af sumri (*s:* sumar *n.*) 8 9 12; af
því *daraus, daher* 4 13 5 18 7 21 8 32 (13 2) af því at *weil* 4 11 15 6 22
7 5 8 15 22 10 10 13 2; af stundu (*s:* stund *f.*) 9 17; *ohne Nomen: görn*
eitt af (*d. i:* þar af) 12 3 6; — af *adv. von, weg* nema af 5 2 9 30
láta af 10 36 *s:* nema, láta

á-gætr *adj. hervorragend —, ausgezeichnet in* Eßo (at einu); ágæztr (ág.
at góðu), *nmsg sup.* 10 32

á-lagðr *ppr;* lög álögð (*d. i:* lög lögð á-, *s:* leggja) *nntpl* 12 7

al-bygðr *ppr vollständig besiedelt;* albygt *ntsg* 5 21

alda-mót *n. Zusammentreffen —, Grenzpunkt von zwei Jahrhunderten*
(*aldir von* öld, *f. sæculum in: of old* alda *'per sæcula sæculorum' Eluc*
76[18]); aldamót *nsg* 13 30

allr, öll, alt *ganz, pl: alle;* öllum *dmsg* 3 12 allan *amsg* 9 5 alt *nntsg*
12 5 8 9 13 28 *antsg* 5 4 12 2 19 7 37; allir *nmpl* 6 4 6 10 9 9 21 24 25
10 30 12 1 13 1 allra *gpl* 11 28 alla *ampl* 6 1 2 7 30 öllum *dpl* 11 34 12
32 öll *antpl* 12 26 28; — alls (*gntsg*) *adv. im Ganzen* 11 10 13 11

alls-herjar *(totius populi) in:*
allsherjar-fé *n. Gemeinbesitz;* a-fé *nsg* 5 17
al-mæltr *ppr von allen gesagt;* almælt (þat vas a.) 10 **22**
al-manna *d. i:* allra manna *in:* at almanna tali 13 **27**
al-menning *f. Almende,* almenning (a. [til] at viða) *nsg* 5 18 *s: Gloss.*
al-þingi *n. Alding d. h: die alljährl. (um Johannis) abgehaltne, allgemeine Landesversammlung auf Island (s: Maurer, Beitr.* 147 *ff. u. Graag.* 17 *b ff.);*
alþingi *ns* 5 4 7 8 16 alþingis *gsg* 3 15 5 18 19 6 31 8 11 14 12 35
al-þýða *f. das gesammte Volk;* alþýðu (at alþ. tali *d. i:* at almanna tali) *gsg* 9 36
al-væpni *n. volle Waffenrüstung;* með alvæpni *dsg* 8 **22**
andask (að) *sterben;* andabisk 3 *sgpræt.* 10 16 35 11 9 18 23 13 14 **26**
and-lát *n. Tod;* andlát (eptir a.) *asg* 11 19 13 **24**; andlát *d. i:* (andar-lát *d. i:* tó láta tήν önd: deponere animam)*
and-skoti *m. adversarius (ἀντίμαχος), Feind;* andskotar *npl* 8 **23**
annarr, önnur, annat (aðr.., öðr..), *anderer;* annarr (a. at öðrum) *nmsg* 8 **32** öðrum *dmsg* 8 **33** 10 13 *dmpl* 7 10 annan *amsg* 5 **2** 8 **29** 11 **23 24** önnur *nfsg* 9 **30** annat *antsg* 12 **30** antsg 4 5 7 6 11 **2 3** annars *gntsg* 8 6 öðru *dntsg* 13 **26**; aðrir *nmpl* 7 **33** 10 5 **26** annarra *gpl* 6 1**2** 11 **35** 12 **25** aðra *ampl* 6 1 3 8. 33 11 33 önnur *antpl* 5 **27** 12 11; annarr en- *s:* en
aptr *adv. rückwärts* (muna a.) 5 **33**
ár *n. Jahr;* ári *dsg* 6 1**2** 10 16 13 15 **26** ár (ór) *npl* 6 15 13 **28** *apl* 10 3 3 4 4 4 5; *in:* hlaupár
ást-sæld *f. Beliebtheit;* ástsæld (af á. hans) *dsg* 11 36
ást-sæll *adj. beliebt;* ástsælli *(d. i:* ástsæl-ri) *nmsg comp.* 11 **34**
1. at *præp. m. dat. zu; örtl. (wo?)* zu, *in, auf* 4 **27** 5 **28** 6 5 8 16 34 7 13 8 17 9 34 35 10 8 **29** 13 9 19 30 14 4 13 **20** *zeitl. (wann?)* at sér lifanda *bei seinen Lebzeiten* 13 1**3**; *an, bei* 5 **32** 6 31 **32**; *nach, gemdss* 3 **21** 4 **2** 36 5 4 7 **25** 6 11 1**2** 14 **29** 7 25 9 32 36 10 **2** 11 **28 32** 12 **24** 13 **25 27**; *gegen (contra)* 8 **32**; *in Bezug auf Etw* 3 1**2** 6 **22** 9 31 10 **32** 12 12; *in Verbind. mit:* upphaf 4 **20** hverfa 5 10 auka 6 15 15 geta 8 11 kaupa 9 **2** verða 9 11; *— m. gen. (vgl.* eís *und* ἐν *m. gen.):* bei 12 **24** 14 17; at, *adv. in:* farask at 8 9 2. at, *part. m. infin.* 3 3 7 5 18 6 34 35 8 **2** 9 **24** 12 19 **30**
3. at *conj. dass, m. indic:* 4 1**3** 16 **22** 5 **32** 34 38 6 **8** 27 7 **3** 21 38 **8** 11 14 17 **22 28** 29 **32** 33 9 **2 2** 7 8 10 11 1**3** 17 **22 23** 34 25 10 **25** 11 15 **25** 1**2** 1 5 8 **33** **30** 55 **36** 13 **3**; *m. conj:* 4 4 18 5 **3** **30** 31 6 4 6 7 19 8 5 **23** 31 9 1**2** 19 **30** 10 9 3**2** 12 **2** 13 — með því, at — *weil* 3 3 af því, at — *weil* 4 11 16 6 **23** 7 5 8 15 **23** 10 10
át *n. das Verspeisen;* át *asg* 9 **28**
at-burðr *m. Begebenheit;* atburð *asg* 9 **30**
ätt-roeðr *adj. achtzigjährig;* áttroeðr *nmsg* 4 19
auð-oefi *n. plur. Schätze, Mittel, Reichthum;* auðoefi *apl* 12 11 auðoefum *dpl* 12 1**2** (auðoefi, *nicht:* auðoefi, *vgl. Eluc.* 53 **5** 74 **34** 75 **16** 76 **16**)
auka (jók) *vermehren Etw* (einu) *um Etw* (at einu), *hinzufügen Etw* (einu); auka *inf.* 3 3 5 **2** 6 9 .17 17 jókk (*d. i:* jók ek) 1*sg præt* 8 5 eyksk (*d. i:* eykr-sik) **3***sg præs pass* 6 14

aurar *m. pl. s:* eyrir *m.*

austan *adv. von Osten her (d. i: aus Norwegen vgl d. folgg. W W*.) 8 7;
fyr austan· *ostwärts von·, m. acc.* 4 7

aust-maðr *m. Ostländer (d. i: Norweger);* aust-manns *gsg* 4 30

austr *adv. ostwärts, östlich* 4 25 5 2 7 20 14 1; *in Norwegen* 7 37 8 3
10 29

aust-rœnn *adj. aus Osten (d. i: aus Norwegen) stammend;* austrœnn
nmsg 4 32

báðir, báðar, bæði *pron. beide;* báðir *nmpl* 6 7; bæði·ok *sowohl als auch*
3 2 25 7 20 11 14 12 11

bagall *m. Bischofsstab;* bagla *apl* 4 13

banna (að) *verbieten;* bannaði 3 *sg prœt* 4 15

barn *n. Kind;* barna *gpl* 9 27

bar-smið *f. Schlägerei;* barsmiðir *npl* 9 12 *apl* 10 15

hera (bar) *tragen;* bera upp ˙*vortragen Etw* (eitt) báru 3 *pl prœt* 8 30;
berr frá *es tritt hervor, zeichnet sich aus:* bæri 3 *sg conj prœt* 8 31

berja (barða) *schlagen;* berjask *sich mit einander schlagen, kämpfen;*
berjask *inf.* 8 28 börðusk 3 *pl prœt* 6 28 31; *kämpfen mit Jem* (við einn)
barðisk 3 *sg prœt* 9 32

betri *comp.* ˙*besser;* betri *nntpl* 12 27

biðja (bað) *heissen·, auffordern Jem* (einn) *Etw zu thun;* bidja *inf.* 12, 35
báðu 3 *pl prœt* 8 34; *bitten* beðit (G. hafði b.) *ppr* 13 3

bjalla *f. kleine Glocke;* bjöllur *apl* 4 13

blóta (að) *opfern;* blóta *inf.* 9 28

bœn *f. Bitte;* bœn *dsg* 11 22

bók *f. Buch;* bók *nsg* 13 28 bók *dsg* 11 29 bók *asg* 12 34; bœkr *apl* 4
12; *in:* Íslendinga-bók

bók-víss *adj. schriftgelehrt (von latein. Büchern od. von der heil. Schrift);*
bókvísi (Bjarnharðr hinn b.) *nmsg schw* 10 3

borg-firðskr *adj. aus den Landschaften am* Borgarfjörðr; borgfirðskr
nmsg 6 27 6 20

bót *f. Besserung, Abhilfe;* bœtr *npl* 7 2

braut *f. Weg;* á braut, *adv. hinweg, fort* 4 11 7 25

breiða (dd) *breiten, ausbreiten Etw* (eitt) *auf-, über Jem* (á einn); breiddi
3 *sg prœt* 9 4

breið·firðskr *adj. aus den Landschaften am* Breiðifjörðr; breiðfirðskr
nmsg 5 36 7 16

brenna (nd) *anzünden;* br. einn inni *an Jem. im Innern (seines Hauses)
einen Mordbrand verüben d. h. Jemand sein Haus anzünden, um zugleich
ihn und die Seinigen zu tödten (vgl.* Wilda, *Strafr. s.* 940); brendi 3 *sg
prœt* 5 14

brenna *f. der an Jem (eins) verübte Mordbrand;* brennu *dsg* 6 21 brennunni *dsg m. art.* 6 33

bróðir *m. Bruder;* bróðir *nsg* 6 20 11 30 (·bróðir 5 26) bróður *asg* 5 14
12 36 (·bróður 7 12); *in* föður-br., fóst-br.

bú *n. Wirthschaft, Haushalt, Wohnsitz mit allem Zubehör;* bú *asg* 11 17 búa (bjó) *wohnen;* bjó 3 *sg prœt* 11 17

búandi (pprœs) *pl* búendr (*od.* bœndr), *m. Bauer d. h: der mit eigner Landwirthschaft angesessne Mann;* búendr *apl* 12 15

búð *pl* -ir, *f. Bude, Zelt;* búðir (*von den während des Alding auf dem Dingplatze errichteten Buden*), *apl* 9 4

burðr *m. Geburt;* burð (eptir b. Crists) *asg* 4 2 9 36 13 27; *in:* atburðr *'Zutragung', d. i: was sich zuträgt,* útburðr: *'Austragung', d. i: Aussetzung*

bygð *f. Besiedelung;* bygð *dsg* 3 14 16

byggva (gð) *besiedeln einen Ort, sich ansiedeln an einem Orte;* byggva, *inf* 7 23; bygði 3 *sg prœt* 4 6 25 27 29 31 13 30 14 1 5 10 16; bygðisk 3 *sg prœt pass* 3 20 7 15; bygt *ppr* 4 32 7 22 12 7; bygðr *ppr in:* albygðr

byskup *m. Bischoff;* byscup *nsg* 10 30 11 21 27 34 12 8 34 13 8 11 14 16 33 14 4 9 13 byscups *gsg* 3 23 10 32 11 7 19 20 21 12 8 13 1 4 5 9 13 32 byscupi *dsg* 3 18; hyscupar *npl* 10 5 byscupa *gpl* 10 1 28 13 29 byscupum 3 1 17

byskups-dómr *m. Bischoffsthum;* byscupsdóms *gsg* 12 13

byskups-stóll *m. Bischoffstuhl;* byscupsstólar *npl* 12 14

dagr *m. Tag;* degi *dsg* 5 34 13 15 dag *asg* 8 29 9 t dagar *npl* 5 33 6 13 dögum (á dögum eins: *zu Jem's Lebzeiten*) *dpl* 3 20 10 14 23 11 22; á þeim dögum: *damals* 11 5; daga *apl* 5 30; *in:* dróttins-dagr

dauðr *adj tod,* verða dauðr *sterben;* dauðr *nmsg* 5 25

deild *f. Theilung. Eintheilung;* deild *dsg* 3 16; *in:* þinga-deild

deyja (dó) *sterben;* dó 3 *sg prœt* 14 17

digr *adj dick; im Beinamen des norw. König St. Olaf* (Fms IV, 38—39): Ólafr hinn digri *nmsg schw* 4 21 10 17

dóm-nefna *f. Ernennung von Richtern;* dómnefna *nsg* 7 8

dóttir *f. Tochter;* dóttir *nsg* 4 28 6 24 (-dóttur *gsg* 3 25 5 37); *in:* systurdóttir

dóttur-sonr *m. Tochtersohn;* dóttursonr *nsg* 5 13 14 24

dráp *n. das Erschlagen, d. Tödtung;* dráp (eptir dr. Eadmundar) *asg* 5 24 9 36 13 23

draumr *m. Traum;* draum *asg* 6 3 drauminn *asg m. art.* 6 10

drepa (drap) *erschlagen, tödten;* drepa *inf* 4 1 8 2 drepinn (varð hann — dr.) *nmsg ppr* 6 32

dreyma (md) *träumen;* dreymir mik (*acc*) eitt (*acc*) *es träumt mir Etwas;* dreymdi 3 *sg prœt* 5 38

dróttins-dagr *m. dies dominica, Sonntag;* á dróttins degi *dsg* 11 11

eða *conj. oder; vel:* 4 23 36 6 35 10 15 15; *aut:* 3 3 5 2 3 8 2 12 3; *an:* 5 11 25 7 24 35 36

ef *conj. wenn;* 6 13 16 9 28 *m. Conjunctiv* 7 2 9 9 29

efni *n. Stoff* (*in:* Karls-efni); *Lage, Stellung* efni *asg* 9 9

1. eiga (á-átta) *haben —, besitzen Etw* (eitt); eiga *inf.* 7 4; átti 3 *sg prœt* 5 12 10 29; œtti 3 *sg prœt conj.* 7 19 átt *ppr* 5 5; *Jem als Frau besitzen* átti 6 23 25; *verpflichtet sein zu Etw:* at *m. Infin* áttu 3 *pl prœt* 12 19

2. eign *f. Eigenthum, Besitz;* leggja sína eigu (*od.* eign) á eitt *Beschlag legen auf —, Besitz ergreifen von Etwas* (*Flat:* I, 155² *cf. OH* 105¹); eigu *asg* 4 9

eigi *part. nicht;* 4 12 17 5 21 6 13 29 7 2 6 7 7 8 6 18 29 9 9 10 16 19 12 19 29

einn, ein, eitt *adj ulleinig, einzig, ein und derselbe,* einn *nmsg* 3 12 *ansg* 9 21; ein *anpl* 9 10 21 24; *num: ein* einn *nmsg* 12 14 *ansg* 7 35 11 27; einum *dmsg* 5 34 6 13

einn-hverr *pron. ein jeder;* einumhverjum *dmpl* 7 9

ek *pron. ich* 3 1 4 29 8 18 10 33 11 12 14 29; mér *mir* 3 5 8 19 9 18; — -ek *in:* jókk 3 5 sýndak 3 2 vaak 10 36 (*s: Gíslason frmp.* 228—232 *u. Eb* (1864), *p.* XLVII)

elli *f. Alter, senectus;* elli *dsg* 14 27

1. en *part. als, nach Comp:* 3 6 7 24 8 24 10 18 26 11 16 34 12 13 14 27 13 10 18 16 (*als dass:*) 5 34; *nach* annarr: 8 6 10 13

2. en *part. aber* 3 2 6 4 2 5 8 11 14 18 20 21 31 35 5 3 5 6 8 10 12 15 17 31 33 35 6 1 2 2 5 6 7 9 13 14 14 15 16 22 25 28 30 7 8 10 23 30 33 34 36 8 1 3 7 12 13 16 20 21 25 27 29 30 31 9 1 3 3 6 7 16 18 23 26 28 29 31 36 10 2 9 13 16 24 11 8 9 13 16 17 18 24 24 27 29 12 9 11 15 17 17 18 18 21 29 32 13 1 3 6 7 10 13 18 20 23 24 26

enda *conj. ebenso auch* 6 32 9 17

engi *pron. keiner;* engi *nmsg* 5 33 10 12; ekki *antsg* 9 5; öngu (*niklo*) *dntsg* 6 15

1. enn *part. noch* 8 1 5 9 2 *ausserdem* 10 3; *wiederum, von Neuem* 6 31

2. enn, en, et (*od.* inn, in, it *od.* hinn, hin, hit), *art.* a. *præpos.* (*mit Adj., vor od. nach d. Subst.*): enn, ó 4 5 21 30 5 25 7 16 32 10 3 4 17 35 11 32 12 29 14 10 19 22 25 25; enn, τὸν 4 1 9 33 11 8 13 6; ena, τοῦ 3 10 10 11 11 21 21 5 1 30 31 37 6 13 7 27 10 18 22 24 12 20 13 31 14 6; enum, τῷ 7 26 11 19 13 14; et, τὸ 6 8 15 17 8 7 10 16 12 22 28 33 13 3; enu, τῷ 4 27 13 31; enir, oí 5 29 8 27 33 33 34; en, τὰ 9 27 12 27; *in:* enn sami (*s:* sami) 3 4 8 3 9 32 10 16 13 15 18 b. *art. postpos.* (*mit Subst.*) *in:* brennunni 6 30 draumínn 6 10 friðinn 9 23 hræin 5 17 konungrinn 4 15 konunginum 7 37 konungínn 8 4 kristninni 8 6 9 1 landit 7 19 24 9 13 12 6 landinu 7 3 18 lögin 9 22 morguninn 9 6 nóttina 9 5 sakarnar 6 30 sökinni 6 22 stólsins 12 10 sumarit 5 33 12 31 13 7 þingit 6 29 7 7 8 26 þingvöllinn 8 24 vársins 5 33

eptir *præp. m. acc. nach (wann?)* 4 2 9 36 13 27; 5 24 9 35 13 23; 7 12 10 8 12 20 13 21; 10 34 11 23; 11 11 12 13 23; 11 19 13 24; *adv. darauf* (*z. B.* annan dag eptir) 8 7 12 28 13 4; 8 9 9 6 12 24 32 13 7; *zurück, in: láta* e. *hinterlassen* 4 12 vera e. *zurückbleiben* 8·14 25

erindi *n. Auftrag;* erindi *apl* 8 30

ermskr *adj. armenisch;* ermskir (byskupar e.) *nmpl* 10 6

1. es (*später* er): *ist 3 sg præs s: vesa*

2. es (*später* er): *part. relat.; qui quæ quod (vgl unser 'so' z. B. in Bürgers: 'von allen so da kamen' d. i: omnium qui veniebant) nach vorausgehendem Nomen, nach nom. propr. z. B. Kolr,* es-: 3 11 31 þuríðar-es:

3 25 4 35 9 34 10 26 11 14 13 52 14 3 5 9 13 26 27 (Odds þess, es-: 6 19 Fjölnir sá, es-: 14 17); *nach nom.* appell. *(od. pronom.), ohne* sá sú þat *z. B.* maðr, es-: 4 3 6 25 7 16 34 *mit* sá sú þat, *vor dem Nom:* þess manns, es-: 3 22 í þann tíð-es *(eo tempore quo):* 3 25 4 21 6 26 28 þesskonar þjóð-es: 7 22 7 30 at því úsætti-es *(dass):* 9 12 þær barsmíðir-, es: 9 13 sá maðr es *(de quo)* þat vas almælt: 10 32 þat sumar es *(ea æstate qua):* 11 1 27 *vgl.* et fyrsta sumar es: 12 22 33; þau öll (lög) -es: 12 29; *nom. app. mit* sá sú þat, *nach dem Nomen:* menn cr. þeir, es: 4 10 hverr maðr- sá es: 4 17 23 4 20 maðr-sá es: 4 33 þing-þat es (?): 5 8 5 10 16 6 26 7 15 keipl. ok steinsmíði þat es af því *(id quod* að eo í. e. tale a quo, *vgl.* 12 27): 7 21 29 36 38 ossa landa-þá es: 8 3 8 8 í stað þann-es: 8 21 lög þau-es: 8 85 allir menn-þeir es: 9 26 10 1 5 þeir es íí quos: 10 20 11 29 35 fé alt þat -es: 12 6 12 8 26 nýmæli þau öll-, es — þau *(ea omnia, quæ — ea i. e. quæ, insofern sie vgl.* 7 21): 12 27 13 25 30 14 1 10; — *qui quæ quod nach freistehendem* sá sú þat: sá es: 5 4 11 13 15 7 26 þann es: 8 10 þeir es: 7 6 8 8 25 12 18 þá es *(eos qui):* 9 19 þeira es: 6 17 11 31 32 því es: 3 5 at því es *(s: at, præp.):* 4 3 7 25 11 32 13 25 þat-es: 3 7 6 6 þat-es *(dass):* 7 23 *(auch:* 11 15 þat ero-, es: 12 5) *ebenso frá* því es *danon, dass* —: 3 16 *und eptir* þat es *nachdem, dass* —: 10 34 11 23; — *NB.* es *mit einer nachfolgenden Präposition zu verbinden, in:* es-á *worauf:* 4 8, es-frá *wovon:* 4 35, es-af *wovon:* 9 13 12 6, es-gegn *wogegen:* 12 29; — es *nach dem pronom. ausgelassen* fleiri þeir (es) ... vóru 6 36

es *nach demonstr. Partikeln:* þá es *damals als* s: þá (es, *als — ohne vorhergehendes* þá — 7 37 9 22 10 25 *vgl:* ok þá, es — 5 29) síðan es *sobald als, seitdem dass:* 6 5 7 9 3; þar-es *da* wo 4 8 5 8 7 17; svá-es *sodass:* 8 12; -es -cunque *in:* hvatki es quidcunque: 3 6

eyða (dd) *veröden;* eyddisk 3 *sg præt conj. pass* 9 13

eyrir *pl* aurar m. *Öre, eine Münze;* aura *apl* 4 17; lausir aurar *lose, bewegliche Güter, Schätze;* í l. aurum *dpl* 12 11; *in:* land-aurar, lausaurar

fá (fékk) *erhalten, empfangen* fékk 3 *sg præt* 10 9; *erreichen, impetrare* fékksk (f. þat af því) 3 *sg præt pass* 13 2; *geben, einhändigen* honum fékk hv. m. pening til 5 5

faðir m. *Vater;* faðir *nsg* 8 9 4 34 5 9 10 20 11 20 13 3 31 14 2 11 28 föður *gsg* 3 10 11 11 13 31 31 32 14 2 3 6 6 7 8 8 8 11 12 12 13 18 föður *asg* 13 22; *in:* föður-faðir, móður-faðir

fall n. *Fall, Untergang, Tod;* fall (eptir Ólafs f.) *asg* 11 12 13 23

falla (féll) *fallen, umkommen, sterben;* féll 3 *sg præt* 6 29 9 33 10 17 11 2 félli 3 *sg præt conj.* 10 18 féllu 3 *pl præt*

1. far n. *Weise, modus;* far (of et sama f.) *asg* 8 4

2. fár, fá, fátt *wenig;* fá (fá ár) *anpl* 10 8 4 fám (fám vetrum) *dmpl* 4 5 9 20

fara (fór) *sich wohin begeben, wohin ziehen, gehen;* fara *inf* 6 34 fór 3 *sg præt* 5 13 7 16 35 11 8 27 fóru 3 *pl præt* 4 11 8 7 18 20 fœri 3 *sg præt conj.* 4 4 18 23 fœri 3 *pl pr cj.* 8 24; *übertr:* sakarnar fóru til alþ.,

ferebantur 6 30; *sich an einem Orte herumtreiben* þar hafði þessk. þjóð
farit ppr 7 23; farask at *von Statten gehen* hafði alt farizk (farit-sik)
vel at ppr 8 9; *in:* fram-fara

fé *n. Geld (oder Geldeswerth)* fé asg 5 6; *Besitz, Eigenthum* fé asg 12 2
fé nsg 12 5; *in:* allsherjar-fé

feilan (?) *Beiname von* Ólcifr þorsteinsson; Óleifr foilan, *nom* 14 26
Óleifs feilans *gen* 6 19 14 6 *NB. in Ildss der Landn. auch:* feiland *und*
feilands (-land?) *Isl* I 59 *n.* 16, 99 *n.* 3, 116 *n.* 6. 15, 117 *n.* 2

feldr *m. Mantel;* feld asg 9 4

fer-tögr *adj quadragenarius, von* 40 *Jahren;* fertögr nnsg 13 5

fim-tögr *adj quinquagenarius, von* 50 *Jahren;* fimtögr nnsg 11 7

fimtar-dómr *m. Fünft-gericht d. i. das im J.* 1004 *neben den vier bisherigen als oberster Gerichtsstuhl beim Alding errichtete (s: Maurer, Beitr.*
192); fimtardóms gsg 10 11

finna (fann) *finden;* fundu 3 *pl. præt* 7 20 fannsk 3 sg *præt pass* 7 15
fundusk 3 *pl præt pass* 5 17

fjall *n. Berg, Gebirg;* fjalls gsg 4 10

fjara *f. der zur Ebbezeit trockne Strand;* fjöru gsg 4 10

fjöl-mennr *adj multorum hominum, zahlreich besucht;* þá es þar vas
fjölment nntsg 6 1

fjör-baugr *m. Lebens-ring d. i: -geld (s: Gloss.), in:*

fjörbaugs-garðr *m. dreijährige Verbannung (s: Gloss. u. Wilda, Strafr.*
298 *ff.);* fj.-garðr nsg 9 28

fjörbaugs-maðr *m. ein vom* fjörbaugsgarðr *betroffner d. i. auf* 3 *Jahre
verbannter;* fj.-maðr nsg 8 15

fjórði *adj num. vierter;* fj. (ens fj. hundraðs) gntsg 5 30 6 13

fjórðungar-þing *n. Viertels-ding d. h. das jedem Viertheile Islands
eigne Ding;* fj.-þing npl 7 10

fjórðungr *m. Viertheil (von den Vierteln, in welche Island nach den vier
Himmelsgegenden getheilt war);* fjórðungi dsg 7 4 5 9 12 16 17 17 18;
fjórðung asg 12 13; fjórðunga gpl 3 16; fjórðunga apl 7 3

fjórir *num. vier;* fjóra ampl 5 30

flat-nefr *adj mit platter Nase, im Beinam:* Ketill flatn. *(vgl: einn var
Ketill flatnefr Isl* I, 39[13]); flatnefs gsg 4 28

fleiri *comp. und* flestr, *superl. zu* margr, *adj viel;* fleiri nmpl 6 33 7 34
11 31; fleira nntsg 5 34 6 14; flest nntpl 4 36

fœða (dd) *aufziehen, erziehen;* fœddi 3 sg *præt* 10 31

föður-bróðir *m. Vatersbruder;* föðurbróður gsg 3 23

föður-faðir *m. Vatersvater;* föðurfaðir nsg 10 34 11 33

för *f. Fahrt, Reise;* för nsg 4 14 farar gsg 7 19

forn *adj alt (opp: neu);* en fornu lög nntpl 9 27 12 27

fóst-bróðir *m. Pflegebruder;* f.-bróðir nsg 5 3

fóstri *m. Pfleger* — fóstrfaðir: fóstri nsg 10 35; — fóstbróðir: fóstra
gsg 3 22 dsg 11 13

frá *præp. m. dat. von; weg von:* 8 34 *abstammend von:* 7 33 *vgl.* koma
frá (G., es Dj. eru komner frá G., *von welchem* —): 4 35 *getrennt von:*

skiliðr *(exceptus)* frá því: 4 18; *über (lat. de):* 3 14 14 15 15 15 16 16
17 17 16 hann sagði frá því 9 13; — *adv. in:* nema frá *weg-, ausnehmen:*
4 24 bera frá *hervorragen:* 8 31

frændi *m. Verwandter, Angehöriger;* frændr *npl* 8 26

fram *adv.* 'vorwärts', *in vordringender Richtung; von der in die Vergangenheit dringenden Erinnerung* muna fram 3 24; koma fram *vorwärts, zu Stande bringen Etw* (einu) 12 5; *in:* um-fram

fram-fara *(d. i: fara fram) vorwärts-, zum Ziele gehen;* framfarn (þat varð at fr., *s:* verða) *inf* 12 30

freista (að), *versuchen;* freista *inf* 6 19

fretr *m. peditum, im Beinam:* Eysteinn fr.; frets *gsg* 3 9

friðr *m. Frieden;* friðr *nsg* 9 19 frið *asg* 9 16 friðinn *asg m. art.* 9 23; *in:* ú-friðr

frœði *n. Kunde, bes. histor. Kunde,* — *Mittheilung;* frœðum *dpl* 3 6

full-ting *n. Hilfe, Unterstützung in:* fulltings-maðr, *m. der, welcher Jem H., Unt. leistet:* fulltings-menn *npl* 8 32

fylgja (gð), *folgen, begleiten Jem* (einum): fylgði 3 *sg prœt* 7 26; *verbunden sein mit Etw* (einu) 9 1

fyr *oder* fyrir (7 1 8 9 10), *prœp c. dat vor (pro)* 7 25 9 10; *c. acc vor (ante)* 11 29 31 *für, wegen — ohne Nomen, in:* drepa ossa landa fyrir *d. i:* þar fyrir *dafür, deswegen* 8 2; — *adv in:* verða fyrir im *Wege sein, hindernd entgegenstehen Jem* (einum) 7 1; — *verbund. mit adov.* -an: fyr utan *c. acc. ausser* 3 4 fyr austan *c. acc. östl. von* — 4 7 fyr vestan *c. acc. westl. von* — 4 8 (f. v., *adv westlich* 7 8) fyr norðan *c. acc. nördl. von* (f. n. — Eyjafj.) 7 6

fyrr *adv comp. vorher, früher* 13 9 *um Etw* (einu): viku fyrr 8 13 fyrr en *priusquam* 7 24 11 16 8 24 13 16

fyrst *adv superl. zuerst, am frühesten* 3 1 20 4 4 8 33

fyrstr *adj superl. u. numer. erster;* fyrstr *nmsg* 3 12 13 9 32 14 3 26; fyrsta (et fyrsta *sumar) antsg schw* 12 22 33

fýsa (at), *anreizen Jem* (einn) *zu Etw* (eins); fýsa *inf* 7 19

gamall *adj alt (opp: jung) m. gen. der nähern Bestimmung;* gamall *nmsg* 4 5 10 34 11 13; *im Beinam:* Aun enn gamli *nmsg schw* 14 20

ganga (gékk), *gehen; inf* 9 7 géngu 3 *pl prœt* 8 29 34; gengit *nsg part prœt* 7 33; gangask (g. í gegn), *feindlich auf einander los gehen inf* 9 19

gegn *od.* í gegn *adv entgegen, in:* mæla í gegn (gegn 12 29) *contra dicere* 7 34 12 29 32 gangask í gegn (*s:* ganga) 9 19

gegna (nd), *passen zu Etw* (einu), *entsprechen;* gegndi, 3 *sg prœt* 6 34 hve illa mönnum gegndi *wie übel es den Leuten passte* 6 34; *leisten Etw* (einu): at gegna (*inf*) þingfarar- kaupi 12 19

gefa (gaf), *geben;* gaf 3 *sg prœt* 5 6 7 18 12 12

geit-skór *m. Geiss-schuh, im Beinam:* Grímr geitskór *nsg* 5 3

gellir *m. Brüller, im Beinam:* þórðr gellir (*vgl Isl* II, 170⁹ *und Hkr* VI, k. 37 *s.* 152⁴U); gellir *nsg* 6 22 33 14 27 gellis *gsg* 6 18 30 14 7

gerr *adv comp. genauer;* gerr 3 5

gersemi *f. Kostbarkeit;* gersemar *apl* 9 17

geta (gat) *erreichen, erlangen Etw bei-, von Jem* (at einum); gátu, 3 *pl prœt* 8 14

geyja (gó) *bellen, anbellen-, schmähen Jem* (einn); geyja, *inf.* 8 18

gjá *f. Schlucht, Kluft;* gjá *nsg* 5 18; *in:* Kolsgjá *·*

gjald *n. Steuer;* gjaldi *dsg* 4 20

gjalda (galt) *zahlen Einem* (einum) *Etw* (eitt); gjalda *inf.* 4 17 22 galzk 3 *sg prœt pass exsolvebatur* 4 21

goð-gá *f. Lästerung der Götter;* goðgá *asg* 8 16

goð *n. Gott* (heidn.); goð *apl* 8 18

goði *m. der Gode, d. i: der priesterliche und zugleich weltliche Vorstand eines bestimmten Bezirkes* (eines goðorð) *auf Island;* Snorra-goða *gsg* 3 25

góðr *adj. gut;* nafn gott, *antsg* 7 19 góðir menn *nmpl* 10 25; ágæztr at góðu *dntsg im Guten* 10 32

göra (görða) *thuen Etw* (eitt) 13 1 *machen, herrichten, verfertigen, ausführen Etw* (eitt): g. bók 3 1 g. bú 11 17 g. nýmæli 12 23 26 g. frið 9 15 g. ráð 9 10; g. skírt *bekannt machen, verkünden* 4 22 g. orð *eine Nachricht od. Aufforderung ergehen lassen* 8 21 9 6; g. tíund af *entrichten den Z. von Etw;* görask *geschehen* 8 31 *entstehen, sich erheben* 9 12; — görva *inf.* 12 26 görða 1 *sg prœt* 3 1 görði 3 *sg prœt* 4 22 9 6 11 17 görðu 3 *pl prœt* 8 21 9 15 12 3 13 1; görðisk 3 *sg prœt pass* 8 31 9 16 görðisk 3 *pl prœt conj pass* 9 12; gört *ppr* 12 23 görvar *nfpl ppr* 12 6

grey *n. Hündin, Betze;* grey *nsg* 9 19

hafa (hafða) *haben: haben, innehaben, besitzen Etw* (eitt) 3 3 7 5 10 9 9 21 24 9 14 20 h. vetr *Winter-, Jahre haben, -alt sein* 11 18 h. lögsögu *das Amt des* lögsögumaðr *führen* 5 23 27 7 13 13 10 9 10 11 19 20 20 36 11 1 2 3 4 26 12 20 21 21; *bringen* h. lög út *or* Norv. 4 32; *þat vas til þess* haft *diess wær desshalb geschehen, — wær der Grund dazu* 8 17 (*vgl. Isl* I, 23ᵛ); hafði svá nær tó: at þ. m. b., at — *der Fall, dass sie mit ein. kämpften befand sich-, lag só nahe, dass* — 8 22 *vgl Fms* IX 357²² *Alex* 124²¹; — *verb. aux.:* hafa verit 4 19 7 35 10 1 11 9 27 35 13 8 11 20 hafa orðit 5 11 (8 15), *m. and.* Participp. 5 20 (11 22) 5 30 6 6 7 22 22 36 36 38 8 23 27 9 14 10 36 12 15 13 2 19 *mit part pass:* h. þróazk 12 12 h. farizk 8 9; — hafa *inf.* 8 3 7 9 24 11 35 12 12 hefir 3 *sg prœs* 7 22 höfum 1 *pl prœs* 9 21 hafa 3 *pl prœs* 4 19 5 20 9 9 10 1 hafi 3 *pl prœs conj* 9 20 hafði 3 *sg prœt* 4 32 5 10 11 23 27 7 13 13 23 35 36 38 8 9 15 23 10 9 11 19 20 20 36 36 11 1 2 3 4 9 18 26 27 32 12 15 20 21 21 13 2 8 11 19 höfðu 3 *pl prœt* 5 30 7 36 8 23 27 9 14 13 20 hefði 3 *sg prœt conj* 6 6 10 10 haft *nt part prœt* 8 17 9 14

hagi *m. Weideplatz;* hagi *nsg* 5 19

hagr *m. Lebensverhältniss, Alles was das Leben eines Menschen nach seinen verschiedenen Beziehungen betrifft;* hag *asg* 9 9

halda (hélt) *halten, festhalten, anerkennen* (vom *Halten der Gesetze*) halda *inf.* 12 28; *intr: von Dauer sein* enda hélt (3 *sg prœt*) friðr 9 17

hálfr *adj. halb;* hálfa *afsg* 4 22

hálf-sextögr *adj. fünf und fünfzigjährig (d. i: 6 $\times$ 10 — 5)*; hálfsextögr *nmsg* 13 10 *s*: hálf- *im Gloss.*

hann, hon, *pron. er, sie;* hann *nsg* 4 6 7 8 24 34 5 6 12 23 27 38 (*h. h.*): 38 6 1 2 2 5 5 6 6 20 22 7 1 18 23 28 34 35 37 37 8 1 14 15 17 35 9 1 2 2 3 4 6 7 13 18 23 24 35 10 9 10 16 11 1 7 8 9 9 (*h. v:*) 15 17 18 23 25 25 12 5 10 13 (*h. h:*) 16 34 36 13 3 5 6 7 10 19 26 (*NB.* hann Hœsnaþórir: *er, H.* 6 32 hann þorgeirr 9 4): hann *asg* 5 16 (*h. dr.*): 38 7 36 38 11 (*sc. h:*) 15 12 (*æ. h:*) 15 13 12; hans *gsg* 4 3 5 4 4 5 19 6 20 24 10 10 14 16 11 24 28 30 31 36 13 2 3; honum *dsg* 4 16 5 5 7 1 8 5 25 9 8 10 27 11 30 12 12; — hon *nsg* 6 24

hár-fagr *adj. von schönem Haar, im Beinam:* Haraldr enn hárfagri (*s: Fagrsk. k.* 14, *Anf und Hkr* III, *k.* 23); hárfagri *nsg schw* 4 5 5 25; hárfagra *gsg schw* 3 11 21 7 28 10 18 24

harmr *m. Harm, Kränkung, das was solche verursacht, erfahrnes Unrecht:* harma *apl* 6 35

hás-mæltr *adj. von heiserer Sprache;* hásmæltr *nmsg* 10 10

há-tíð *f. Fest (kirchl.);* hátíð *asg* 11 11 19

héðan *adv. von hier aus* 7 17 8 3

hefja (hóf) *heben, h.* upp *anheben, eine Rede* (tölu); hóf 3 *sg præt* 9 7

heiðinn *adj. heidnisch;* heiðinn *nmsg* 9 3 heiðna *ampl* 4 12 enir heiðnu menn *nmpl schw* 8 27 33

heiðni *f. Heidenthum, heidnischer Gebrauch* heiðni *nsg* 9 30; *heidnische Zeit* heiðni *dsg* 10 9

heiðr *f. Haide;* heiðum *dpl* 5 19

heilagr *adj. heilig;* helga *amsg schw* 4 1

heill *adj. vollständig, unverkürzt;* heil *nntpl* 12 17 heilum *dpl* 5 34

heita (hét) *heissen;* heitir 1 *sg præs* 14 29; hét 3 *sg præt* 4 3 33 5 15 35 7 16 29 8 8 11 25; *verheissen Jem* (einom) *Etw* (einu) hétu 3 *pl præt* 8 4

heldr *adv. eher, lieber* 3 7 12 13

hér *adv. hier* 4 10 12 7 29 35 36 38 38 8 5 10 2 5 13 33 11 16 13 28 á landi hér 5 5 29 9 10 26 12 14 16 (hér á landi 11 34 27 35); *hierher* hér á Ísland 7 24

hersir *m. Herse, Vorsteher eines norweg.* heraõ (*s: Gloss.*); hersis *gsg* 4 28

hest-höfði *m. mit einem Pferdekopf* (?) *im Beinam:* þórõr hesth.; hesthöfõa *gsg* 14 7

heyja (háõa) *ausführen, verrichten Etw;* heyjask *inf. pass* 6 29

hingat *adv. hierher* 4 18 út hingat 4 14 33 11 9 hingat til lands 7 29 11 5 18 7

hinn, hin, hit *pron. jener, jener andre;* at hinu (tali) *dnsg* 6 15

hjá *præp. m. dat bei; verb. mit* í *in:* í hjá, *m. dat. dass.* 8 30

hjalti (*vgl:* hjalt, *n. Schwertgriff*) *im Beinam:* Óleifr hjalti; hjalta *gsg* 5 26

hlaup-ár *n. Schaltjahr;* hlaupár *nsg* 6 13 hlaupár ('hlaupór') *npl* 6 16

hlutr *m. Theil;* hlutr *nsg* 12 29

hlýða (dd) *gelingen, Erfolg haben;* hlýða *inf.* 8 7 *passen, stimmen* hlýddi 3 *sg præt* (*conj*) 6 9 hlýðinn *adj. bereit zu hören* (hlýða) *auf Jem* (einnm), *sich ihm unterzu-ordnen, gehorsam;* hlýðnir *nmpl* 12 4

höfðingi *m.* '*Häuptling*', *ein durch Macht u. äussere Stellung hervorragen-der Mann, auf Island häufig von den Goden, wie anderwärts auch von Königen und Jarlen gebraucht;* höfðingjar *npl* 5 10 7 33 (h. ok ríkismenn) 10 14 (h. ok góðir menn) 10 25 10 30; höfðingjum *dpl* 12 35; h. at einu *princeps od. caput alicujus rei,* höfðingi (at sökinni) *nsg* 6 22

höfn *f.* — tó hafa, *halten;* hagi til brossa hafnar — *zum Halten, resp. zum grasen lassen der Pferde* gsg 5 19

hönd *f. Hand;* á hendr *præp. m. dat. gegen, gegenüber* 10 12

hof *n. Tempel (Maurer, Bekehr.* II, 190); hofa *gpl* 5 5

hræ *n. Leichnam, auch im plur. (vgl:* '*sterbliche Ueberreste eines Menschen*' hræin = hræit *Hkr* I, *k.* 31, 26 16 *U) hier von Kol's Leichnam:* hræin, *npl m. art.* 5 17

hrísi (*vgl:* hrís, *n. Busch, Gesträuch) oder* hrisi? *im Beinam:* Sigurðr hr.; hrísa *gsg* 10 24

hross *n. Pferd;* hrossa *gpl* 5 19

hrossa-kjöt *n. Pferdefleisch;* hrossakjöts *gsg* 9 27

hundrað *n. Hundert, d. i: Grosshundert* (h. tólfrœtt — 120, *s: Glossar)* IV (V) dagar ens fjórða hundraðs *vier (fünf) Tage des (d. i: im) vier-ten Grosshundert* (3 × 120 + 4 [5]): 364 (365), *gsg* 5 30 (6 13); hundrað *(wohl auch* = h. tólfr., *vgl. Munch.* II, 638: VII h. — 840, X h. — 1200, IX h. — 1080) *npl* 12 16

hvar *adv. wo (da, wo)* 5 1; *wo, wo nur immer, überall* 7 4

hvárr (*goth:* hvaþar), *pron. jeder;* hvárir *(jede der beiden Parteien) nmpl* 8 33

hvárr-tveggi (*gen:* hvárs-tveggja *st.* — *schw), pron. jeder von beiden:* hvárir-tveggju *nmpl* 9 20 23 *(NB.* hverertvegio 9 20 (374 4) A B, *doch:* hvar. 9 23 (374 7) A B)

hvárr-tveggja (*gen:* hvárs-tveggja, *st.* — *st.), pron. jeder von beiden:* at hvárntveggja (tali) *dnsg* 6 16

hvárt-eða: *ob* — *oder;* hvárt sem *(utrumcunque)* -eða *sive* — *sive* 12 3

hvat *pron. neutr. was, quid?* hann taldi, hvat- *nsg* 6 35; *vor Adjj. quam* — jarteknir, hvat hlýðnir — *argumenta, quam obedientes* — 12 4

hvat-ki *pron. was nur, quidcunque, verstärkt:* hvatki es *was nur immer auch nsg* 3 6

hve (*od.* hví) *adv. wie;* hve þá hlýddi 6 9 hve illa 6 34 hve vel 8 31

hverfa (hvarf) *sich wenden wohin, gehören zu Etw* (at einu) 3 *pl præt* 5 10; hverfa saman *sich scharen:* menn hurfu saman 3 *pl præt* 8 27

hvergi *adv. nirgends* 12 9

hverr (*goth:* hvarjis) *pron. jeder;* hverr (hverr maðr) *nmsg* 4 17 22 5 5 11 34; hverjum *dmsg* 7 4; hvert *nntsg* 6 9 15; hverju *dntsg* 6 12; *in:* einn-hverr

hvíla (ld) *ruhen, sich zur Ruhe niederlegen;* hvíldi 3 *sg præt* 9 5

hvít-beinn *adj. im Beinam:* Hálfdan hv. H. *Weissbein;* hvítbeinn *nsg* 8 8 14 22

hvitr *adj. weiss;* enn hvíti *der weisse (vom hellen Haar) im Beinam:* Gizorr c. hv. *und* Ólafr e. hv.; hvíti *nnsg schw* 7 32 14 25 hvíta *gmsg schw* 10 22 13 31

hyggja (hugða) *meinen, denken;* hugði 3 *sg prœt* 6 1 2 hugðisk *d. i:* hugði sik (*credebat, se — acc. c. inf.*) 5 38 6 2

í *prœp. in; m. dat. örtl. (wo?)* 3 6 4 3 6 29 31 35 5 12 19 6 12 21 26 26 30 7 3 5 8 14 10 14 28 31 11 8 9 17 12 9 16 17 17 18 27 28 31 36 13 6 12 14 17 19 21 32 14 5 5 9 10 11; *zeitl. (wann?)* 5 30 34 10 2 13 15 14 27; margt annat í lögum *in d. i: von Gesetzen* 12 30; mælt í lögum (*s:* lög) 8 11 9 25 vera í einu (*s:* vera) 12 3 3 11 11. — *m. acc. örtl. (wohin?)* 5 14 6 34 7 7 28 8 8 20 9 4 9; *zeitl. (wann?)* í þann tíð 3 21 4 9 í annat sinn 4 5 11 2 3; — leiða í lög (*s:* lög) 6 11 12 1 skipta í fjörð. (*s:* skipta) 7 3; *in:* í gegn (*s:* gegn), í sundr (*s:* sundr)

illa *adv. übel, schlimm* 6 34

ill-ráðr *adj. bös, im Beinam:* Ingjaldr enn illráði, *nnsg schw* 14 22 — iun, in, it *s:* enn, en, et

inn *adv. hinein (landwärts):* inn til meginlands 8 13

inni *adv. innerhalb, im Innern des Hauses* (*s:* brenna einn inni) 5 14

írskr *adj. irisch, von Irland;* J. enn irski *nmsg schw* 10 4 bœkr írskar *afpl* 4 13 menn írskir *nmpl* 4 14

Íslendinga-bók *f. Isländerbuch (d. h. Buch über d. Isl.);* Í.-bók *asg* 3 1

jafn *adj. gleichmässig;* jöfn *nfsg* 7 8

jamn-langr (*d. i:* jafn-l.), *adj. gleich-lang;* VII ár jamnlöng *nntpl* 6 10

jarl *m. Jarl (norweg.) s: Gloss.;* jarl *nsg* 9 35 jarls *gsg* 4 25

jar-tekn *f. Zeichen, Beweis;* jartekoir *npl* 12 4

játa (tt), *ja sagen zu-, einwilligen in Etw* (einu); játtu 3 *pl prœt* 9 23

jökk *s:* auka

Kalend. junii (lat.): *kalendas junii* 13 15

kalla (að), *nennen, benennen Etw* (eitt); kalla 3 *pl prœs* 4 11 7 23 kallaði 3 *sg prœt* 7 18 kallaðr *nmsg ppr* 4 7 5 13 6 19 7 17 8 21 kölluð *ntpl ppr* 4 34 *fsg* 5 16 kallat *ntsg ppr* 4 20 6 26 7 15

kanna (að), *durchforschen Etw* (eitt), *perlustrare;* kannaði 3 *sg prœt* 5 4

kaupa (keypta), *kaufen, Vertrag abschliessen mit —, sich Etw erdingen von Jem* (at einum); keypti 3 *sg prœt* 9 2

keipla-brot *n. Reste, Trümmer von keiplar, Lederkähnen* (*s:* Grh.M I, 170, 4); keiplabrot *apl* 7 21

keisari *m. Kaiser;* keisara *gsg* 13 26

kenna (nd) *kennen lehren, lehren Etw* (eitt) kendi 3 *sg prœt* 7 29; *bezeichnen Etw nach Etw* (við eitt) kend *nfsg ppr* 5 16

kenni-maðr *m. Geistlicher, Priester (prœceptor verbi divini);* kennimenn *npl* 10 26 kennimönnum *dpl* 12 31

koma (kom) *kommen; kommen, wohin gelangen:* koma *inf.* 8 11 22; kom 1 *sg prœt* 10 33 kom 3 *sg prœt* 3 17 4 7 7 37 8 24 9 31 10 2 11 5 13 7 14 28; kvámu 3 *pl prœt* 6 7 8 3 8 12 20 26 9 3 8 10 5 13 2; kvæmi 3 *sg prœt conj* 7 24 komnir *nmpl ppr* 4 26 28 30 31 35; komit *ntsg ppr*

9, 0; — *bringen Etw* (einu) koma (koma einu til laga *s:* lög) *inf* 7 1
kom 3 *sg præt* 7 28 13 25 kom fram (*s:* fram) 12 5 kvæmi við (*s:* við)
3 *sg præt conj* 9 29

kona *f. Weib;* konur *npl* 4 23; *in:* landnáms-kona

konung-dómr *m. Königthum;* konungdóms *gsg* 13 26

konungr *m. König;* konungr *nsg* 3 12 4 19 konungs *gsg* 5 24 10 23 11 22
konungi *dsg* 4 17 22 konungar *npl* 9 14 13 21 konunga *gsg* 3 4; *m. Art:*
konungrinn *nsg* 4 15 konunginum *dsg* 7 37 konunginn *asg* 8 4; *in:*
veiði-kgr, Dana-kgr, Engla-kgr, Grikkja-kgr, Jórsala-kgr, Svía-kgr,
Tyrkja-kgr, Upplendinga-kgr

kristinn *adj. christlich;* kristnir menn *nmsg* 4 10 9 25 enir kristnu menn
nmsg schw 8 33 34

kristni *f. Christenthum;* kristni *nsg* 3 16 7 24 8 1 9 31 11 16 14 28 kristni
dsg 7 28 13 25 kristni *asg* 7 30; kristninni *dsg m. art.* 8 6 9 1

kroppin-skeggi *m. mit eingeschrumpftem Barte (vgl.* kroppinn *in:*
krop(p)nir knúar *Rigsmdl str.* 8 *und* skeggi, *m. barbatus von* skegg *n.)*
im Beinam: Þórir kr. 5 12 *und* Þorvaldr kr. 5 13; kroppin-skeggi *nsg*

kunna (kaun-kunna), *können, posse:* kunni 3 *sg præt* 5 33; *kennen,*
noscere: kunna 1 *sg præt* 3 23

kunnr *adj. bekannt;* kunnara *nntsg comp.* 3 5; *in:* ú-kunnr

kveða (kvað) *sagen, behaupten;* kvað 3 *sg præt* 7 2 18 8 9 9 5 18 *(reci-*
tabat:) 8 17; kváðusk *d. i.* kváðu sik *(dicebant se — acc. c. inf.)* 3 *pl*
præt 10 5

kviðlingr *m. Spottvers;* kviðling *asg* 8 17

kyn *n. Geschlecht;* kyn *nsg* 13 29 kyns *gsg* 3 12; *Art:* kynja *gpl* 12 10

læring *f. Lehre, Unterricht;* læringar *gsg* 10 27

laga-setning *f. Gesetzgebung;* lagasetning *dsg* 3 14

land *n. Land;* land *nsg* 5 17 7 15 *asg* 4 8 5 11 7 17 12 10 lands (til lands)
gsg 7 29 11 6 13 7 landi (á landi) *dsg* 5 5 29 9 10 26 11 24 27 35 12 14
16 7 20 10 26 33 landit *(m. art.) nsg* 7 19 9 13 12 6 *asg* 7 24 landinu
(mit art.) dsg 7 3 18; lönd *Ländereien, Grundbesitz* löndum *dpl* 12 3
11; *in:* megin-l., Eng-l., Frakk-l., Gaut-l., Grœn-l., Ís-l., Vín-l.

land-auðn *f. Verödung, Entvölkerung des Landes:* landauðn *nsg* 4 16

land-aurar *m. pl (s:* eyrir *m.) die Steuer, die an den norweg. König von*
den aus Norwegen nach Island Uebersiedelnden erlegt werden musste (s:
Gloss.); landaurar *npl* 4 20

land-flótta *adj. indecl. landesflüchtig;* landflótta *nmpl* 10 15

landi *m. =* laudsmaðr; landa *apl* 8 2; (*in:* Van-landi?)

land-nám *n. Besitzergreifung eines Stück Landes um sich darauf anzusie-*
deln; daher von isländischen Ansiedlern u. Ansiedlerinnen; landnáms-
(od. landnáma-) maðr, *und* -kona; landnáms-maðr *nsg* 13 30 14 1
l-mönnum *dpl* 3 14 l-kona *nsg* 14 5; landnáma-maðr *nsg* 14 10 l-manns
gsg 5 9 22 37

lands-maðr *m. Landeseinwohner;* landsmenn *npl* 5 18 9 15 12 4 lands-
mannu *gpl* 5 7 11 22 landsmönnum *dpl* 11 34

land-stjórn *f. Landesregierung;* landstjórn *dsg* 10 16

lang-feðgar *m. pl. Vorfahren;* langfeðga *gpl* 14 15
langr *adj. lang;* langa (langa tíð) *afsg* 9 15; langt *antsg (adv.) per longum tempus* 3 24; *in:* jafu-langr
láta (lét) *lassen, m. inf.:* láta *inf.* 9 11 13 1 látim 1 *pl præs conj* 9 19 lét 3 *sg præt* 4 1 7 31 11 6 12 8 13 13 létu 3 *pl præt* 10 27 látit (hafði látit) *ppr* 12 15; láta eptir *hinterlassen Etw* (eitt) létu 3 *pl præt* 4 11; láta af *ablassen von-, aufhören mit Etw* lét 3 *sg præt* 10 36; *sich äussern, sagen, meinen* hann lét örvænt, at — *dicebat inexspectandum (esse), quod* —, 3 *sg præt* 7 38 G. ok Hj. létu sér eigi annars ván, en — *G. et Hj. . . dicebant sibi non altus rei esse (od. videri) spem, quam — d. h. G. u. Hj. hielten es für das wahrscheinlichste, dass* —, 3 *pl præt* 8 6
laun *f. Verborgenheit, in:* á laun *adv. heimlich* 9 28
lausa-aurar *m. pl. bewegliche Güter (opp: Grundbesitz);* lausa- aurum *dpl* 12 3 (*vgl* lausum aurum 12 11)
lauss *adj. loss, gelöst, frei;* lausum (l. aurum) *dmpl* 12 11
leggja (lagða) *legen:* lagðisk (*d. i:* lagði sik) 3 *sg præt* 9 4; *hinzulegen,* — *fügen Etw* (eitt) *zu Etw* (til eins) lagði 3 *sg præt* 12 10; *bestimmen Etw für Etw* (til eins) lögðu 3 *pl præt* 5 17; l. eigu sina á eitt (*s:* eiga, *f.*) lagði 4 9; l. lög á eitt *ein Gesetz über od. für Etw bestimmen (vgl.* lög álögð, at — *d. i:* lög lögð á þat, at — 12 7) leggja *inf.* 12 8; lagðr *ppr in:* á-lagðr
leiða (dd) *führen, bringen;* l. eitt í lög *Etwas unter die Gesetze aufnehmen, Etwas Gesetzeskraft verleihen* vas þat í lög leitt *ppr* 6 11 12 1
leikr *m. Spiel, Verfahren, Vor-sich-gehen, in:* á nýja leik == *adv. von Neuem* 8 5
leita (að) *suchen, sich bemühen um Etw* (eins); leitaði 3 *sg præt* 6 8
leysa (st) *lösen, freimachen;* leysask *sich freimachen von Etw* (undan einu); leystisk (*d. i:* leysti-sik) 3 *sg præt* 9 1
leysingr *m. Freigelassner;* leysings *gsg* 5 11
lið *n. Gefolge;* liði *dsg* 6 30 32
lifa (fð) *leben;* lifðu 3 *pl præt* 9 18; lifanda (at sér lifanda *s:* at, *præp*) *dmsg part præs* 13 13
lika (að) *gefallen, placere, videri;* líkaði 3 *sg præt* 3 3 12 32
líta (leit) *sehen, videre* — litask *videri:* litisk 3 *pl præt conj: viderentur* 12 27
loð-brók *f. Zottelhose, Beinam. des Königs* Ragnar (*s: Gloss*) loðbrókar *gsg* 4 1 14 24
lög *n. pl. Gesetz (lex und leges);* lög *apl* 4 34 6 27 9 27 10 13 12 7 23 27 lög *apl* 4 33 6 11 8 35 9 10 21 24 10 12 11 16 12 1 8 23 33 lögin *apl m. art* 9 22 laga *gpl* 7 1 lögum *dpl* 6 29 8 11 9 25 12 27 31; at lögum *ex lege* 6 29 mælt í lögum *verkündet in Gesetzen,* — *als Gesetz* 8 11 9 25; koma einu til laga *einer Sache zum Gesetz, zum Recht verhelfen* 7 1 leggja lög á eitt (*s:* leggja) 12 7 8 leiða eitt í lög (*s:* leiða) 6 11 12 11 segja lög upp *das Amt des* lögsögumaðr *führen* 12 23 33 taka eitt í lög (*s:* taka) 11 16; — *gesetzl. Gemeinschaft* (*s: Maurer, Bekehr.* I 423, *n. 16)* segjask or lögum *dpl* 8 33; *in:* Gulaþings-lög

lög-berg u. lög-bergi n. *Gesetzesfelsen (Isl.) d.h. jene auf dem* þingvöllr *gelegne Anhöhe, auf der sich die* lögrétta *befand und von welcher aus der* lögsögumaðr *die Gesetze beim* alþing *verkündete (s: Glossar);* lögbergs *gsg* 8 30 lögbergis *gsg* 9 7 at (frá — 8 34) lögbergi *dsg* 5 38 6 5 8 34 8 17 34

lög-rétta *f. gesetzgebende (die Gesetze, das Recht richtende) alljährlich am Alding zusammentretende Versammlung (s: Maurer, Beitr.* 150 *und Graag.* 32ª); í lögréttu *dsg* 12 28 31

lögréttu-skipun *f. Einrichtung der* lögrétta; l-skipun *nsg* 7 9

lög-saga *f. Gesetzesvortrag, Amt des* lögsögumaðr *(s: Maurer, Beitr.* 137. 140); lögsögu *asg* (taka l. *übernehmen —,* hafa l. *— führen das Amt des* lögs.) 5 22 27 7 12 10 8 11 19 36 11 1 26 12 20

lögsögu-maðr *m. Gesetzessprecher (s: Maurer, Beitr.* 152 *und Graag.* 35ᵇ ff.; *Glossar*); l-maðr *nsg* 7 11 l-manns *gsg* 5 9 12 1 l-manni *dsg* 9 2 l-mann *asg* 11 33 l-manna *gpl* 11 29

lof *n. Erlaubniss, zu* Etw (til eins); lof *asg* 10 9

lúka (lauk) *schliessen, endigen* Etw (einu); lauk 3 *sg prœt* 9 23; lúkask *geendigt werden, zu Ende gehen:* lýksk (hér lýksk ajá bók, 'explicit') 3 *sg prœs* 13 28

lýsa (st) *hell-, bekannt machen* Etw (eiuu od. eitt): lýsa víg *inf.* 10 12

maðr *m. Mann,* menn, *pl. Leute;* maðr *nsg* 4 3 17 22 27 32 5 5 11 35 7 16 8 32 10 31 11 34 manns *gsg* 3 22 manni *dsg* 10 13 12 4 mann *asg* 8 15 menn *npl* 4 10 14 34 5 20 29 6 4 7 7 10 31 8 11 12 27 33 34 9 3 7 8 9 25 28 10 25 11 31 12 1 menn *apl* 4 12 6 1 3 7 19 36 manna *gpl* 4 14 5 26 6 12 7 20 9 9 13 10 33 12 25 29 (*in:* al-manna), mönnum *dpl* 6 34 7 30 9 10; — *in:* aust-maðr, fjörbaugs-m., fulltings-m., kenni-m., landnáms-(landnáma-) m., lands-m., lögsögu-m., ríkis-m.; Norð-menn, Síðu-m., Vest-m.

mæla (lt) *sprechen;* mælti 3 *sg prœt* 6 5 12 29 32 mæltu 3 *pl prœt* 7 34 8 31 mælt *ppr* 6 6 (mælt í lögum *s:* lög) 8 10 9 25; *in:* al-mæltr *ppr*

magr *adj. mager; im Beinam:* Helgi enn magri *nmsg schw* 4 30 14 10

mál *n. Sprache, Rede* máli *dsg* 9 23; *Sache, Angelegenheit, Rechtsstreit* máli *dsg* 7 1 mál *apl* 9 20; *Wille, in:* hafa nakkvat síns máls (*vgl:* hafa sitt mál *Hkr.* IX, *k.* 4 *extr.,* 549⁹ *U Grg.* I, 213⁸ⁱ) *gsg* 9 21

mangi (*d. i:* mann [maðr] -gi) *pron. niemand;* mangi *nmsg* 12 32

máni *m. Mond (poet.), im Beinam:* þorkell m.; máni *nsg* 7 11 mána *gsg* 5 9 6 11

mánaðr *m. Monat:* mánuðr *npl* 5 31

margr *adj. viel;* margt *nntsg* 13 30 margir *nmpl* 7 33 10 14 27 margra *gpl* 12 10 marga (á marga vegu) *ampl* 9 10

marg-spakr *adj. viel —, in hohem Grade verständig;* margspök *nfsg* 3 25

matar-illi *adj. im Beinam:* Hálfdan c. m. ens matarilla *gmsg schw* 3 10

með *prœp mit, c. dat:* 6 21 8 25 11 13 8 28 11 36 12 5 með því at *damit, dass — d. i: weil* 3 2 *ohne Nom.* M .... fór með (*d. i:* með lögsögu) 11 28; *c. acc.* með XII ta mann *mit dem 12. Manne d. i: selbzwölfter d. i: mit* 11 *Leuten* 8 16 meðan *conj. während dass, so lange als* 6 5 9 18 12 7

mega (má-mátta) *können;* má (man kann) 3 *sg præs* 7 21 mátti 3 *sg præt* 6 28 mátti (man konnte) 4 13 mætti *sg præt conj* 7 1

megin-land *n. Festland (von Island, im Gegensatz zu den Küsteninseln);* meginlands *gsg* 8 13

meiða (dd) *körperlich verletzen, an den Gliedern verstümmeln* Jem (einn); meiða *inf.* 8 2

meir (*od.* meirr) *adv. comp. mehr (magis und plus) magis:* 13 13 *plus:* (svá at eigi væri meir siðan: *plus sc. terræ colendæ, nicht: immigrationis*) 5 21 12 13

meiri *adj. comp. grösser;* meiri (enn meiri hlutr) *nmsg* 12 19 meira *nntsg* 4 21

merkja (kt) *bemerken;* merktu 3 *pl præt* 5 32

mest *adv. superl. meist* 9 19

miðla (að) *vermitteln, ausgleichen;* miðlum 1 *pl imp. (conciliemus!)* 9 20

miðli *in: á* miðli, *præp. m. gen. zwischen* 4 10 23 6 17 18 9 13 15 16 20; *ohne Nomen:* at eigi of sá á miðli (*d. i: dass man nicht dazwischen sah d. h. zwischen den beiden so ganz nahen Eventualitäten des Kämpfens und des Nichtkämpfens cf.* eigi só ek þar á milli, hvárt *(utrum)* .. eða (an) Fs 39¹⁵) 8 29 sendusk þeir gersemar á miðli (*d. i: á. m.* sín) 9 17

miðr (*d. i:* minnr), *adv. comp. weniger m. dat. (um wie viel?)* vetri miðr, en- 13 10

mikill *adj. gross;* mikil *nfsg* 4 14 6 18; miklu *(um vieles) dntsg* 10 25; miklar *nfpl* 12 4

mildr *adj. freigebig, im Beiname:* Hálfdan e. m., ens milda *gmsg schw* 3 10; *freundlich, leutselig* mildastr *nmsg superl* 10 32

minn *pron. mein;* minn *nmsg* 10 31 míns *gmsg* 3 22 24 14 29 mínum *dmsg* 11 13

1. minni *adj. comp. weniger;* minna *nntsg* 4 21

2. minni *n. Erinnerung (vgl: 'memoria', Zeit des sich Erinnernden);* fyr várt-, hans minni *asg* 11 29 31

minnigr *adj. von gutem Gedächtniss;* minnigr *nmsg* 11 14

mis-sagðr *ppr. auf irrige Weise berichtet* ('berettet paa forskjellig Maade'? *Isl.* I, 362, *not.* 13) missagt *nntsg* 3 6

misseri *n. Halbjahr;* í tveim misserum *dpl* 5 30 35; *Jahr (s: Gloss.) in:* misseris-tal *n. Jahresberechnung; frá* misseristali *dsg* 3 15

mjök *adv. sehr* 13 3 *nachgesetzt:* 4 14 6 7 8 1

móðir *f. Mutter;* móðir *nsg* 14 6 móður *gsg* 14 2 3 7 8 11

móður-faðir *m. Muttervater;* m-faðir *nsg* 6 3

mörk *f. Mark, ein halb Pfund Silber;* mörk *asg* 4 22

morð *n. Mord, Ermordung;* morð *asg* 5 11

morgunn *m. Morgen;* of morguninn *asg m. art.* 9 6

mostrar-skeggi *m. 'Mosterbart' (d. i: Einwohner der norw. Insel Mostr, s: -skeggi Gloss.) im Beinam:* þórólfr m.; mostrarskeggja *gsg* 5 36

NB. þ-s monstrarskeggs *Isl.* I 350¹¹

mót n. *Begegnung*, in: alda-mót, n.; in: á mót *præp. c. dat.* 8 22 26

1. mnna (að); munar *es gelüstet* Jem (einn, *acc.*) munaði (m. sumarit: *æstatem*) 3 *sg præt* 5 33

2. muna (nd), *sich erinnern an Etw* (eitt) mundi 3 *sg præt* 3 24 11 14 33 munu *od.* mundu (man *od.* mnn-munda), *mögen, sollen, werden m. inf.:* mundu *od.* myndu *inf.* 7 2 19 mun 3 *sg præs* 9 21 munum 1 *pl præs* 9 22 mundi 3 *sg præt* 7 38 8 6 28 9 11 myndi 3 *pl præt conj.* 6 4 6

myrða (rð) *ermorden;* myrðr *nmsg ppr* 5 15

ná (náða) *erreichen, auffinden;* næði (þeir es — næði *die, welche* [ii, quos] —: *man auffände*) 3 *sg præt conj.* 10 26

nær *adv. nahe, m. dat.* þvi nær *dem nahe, d. i: ungefähr um diese Zeit* 5 22; svá nær, at- (*s:* hafa) 8 28

næst *adv. nächst, m. dat.* næst vettvangi 6 28

næstr *adj. superl. nächster (örtl. u. zeitl.) m. dat.* næstr *nmsg* 5 23 27 11 26 14 9 14 næsta *asg schw in:* et næsta sumar *im nächst vorausgeh. S.* 8 11 16 et n. s. eptir, *im nächstfolg. S.:* 8 7 12 28 13 4 enn næsta vetr *im nächstfolg. Winter* 11 8 13 6

nafn (*od.* namn) n. *Namen;* nafn *nsg* 11 24 *asg* 7 18 19 nöfn *npl* 10 1 14 15

nakkvat (*gewöhnl:* nökkut), pron. *Etwas;* nakkvat *antsg* 9 20

nefna (nd) *nennen, ernennen;* nefndi 3 *sg præt* 8 32; nefndr *nmsg ppr* 5 12

neita (tt) *nein sagen, abweisen* (opp: játa); neittu 3 *pl præt* 7 34

1. nema (nam) *nehmen;* n. land *von einem Land Besitz ergreifen* (*vgl:* land-nám, n.) nam 3 *sg præt* 7 17; nema ⚊ n. stnðar *statt finden,* 'überhand nehmen' nema *inf.* 4 16; n. af *wegnehmen* (opp: *hinzufügen*) af nema *inf.* 5 2 numin (vas sú heiðni af numin — *hatte abgenommen, war ab-geschafft*) *nfsg ppr* 9 30; n. frá *ausnehmen* (þeir menn es hann næmni frá ii, quos exciperet, vgl. skilja frá) 3 *sg præt conj.* 4 24

2. nema *conj. wenn nicht, ausser* 4 23 7 5

neyzla *f. Nutzung;* neyzlu (til alþingis n. *zur Nutzung des Alding d. h. Seitens des A., durch die während des A. Versammelten*) *gsg* 5 18

níða (dd) *verhöhnen* Jem. (einn) *d. i: auf* Jem. *eine* níðvísa *dichten* (*s:* Gloss.); nítt (þá es hann höfðu nítt — eos, qui eum deriserant) *ppr.*7 36

niðr *adv. nieder* lagðisk hann niðr 9 4

norðan *adv. von Norden her;* fyr norðan — (*s:* fyr) 7 6

norðr *adv. nordwärts, nördlich* 4 31 14 10

norrœnn (*d. i:* norð-rœnn a *septentrione oriundus*), adj. *norwegisch;* norrœnn (n. maðr) *nmsg* 4 3 27 30 norrœns (hersis n.) *gmsg* 4 29

nótt (*od.* nátt) f. *Nacht (nach Nächten wird gerechnet, vgl.* vintr u. s*: Gloss.*); nóttina *asg m. art.* 9 5 nóttum *dpl* 11 11 13 14; s*:* þritög-nátti

nú *adv. nun, jetzt* 3 5 4 20 5 8 9 18 14 9 13

ný-mæli n. *neue Satzung,* 'novella' (s*: Maurer, Graag.* 32 b, n. 67); ný-mæli *nsg* 12 23 nýmæli *apl* 12 26

nýr adj. *neu;* nýja (á nýja leik *d. i:* nýjan *od.* enn nýja? s*:* leikr, m.) 8 5

nýtr adj. *brauchbar, trefflich, rechtschaffen;* nýtir (höfðingjar n.) *nmpl* 10 30; nýtri (Ísleifr vas miklu n.) *nmsg comp.* 10 26; *in:* ú-nýtr

obiit lat. 13 16

öfri *adj. comp. oberer;* öfra (at Mosfelli enu ö.) *dnsg* 4 27 13 31

öngr *(gewöhnl:* engr, *starke Bild. von* engi *d. i:* einn-gi *nullus) keiner;* öngu: *nihilo dnsg* 6 15

ör-vænn *adj. ohne Hoffnung, ausser Erwartung, vix exspectandus;* örvænt (hann .. lét örvrent, at — *s:* láta) *antsg* 7 38

of *præp. m. acc. um; örtl. (wo?) of* alt Island *hin über ganz Isl.* 12 19 *zeitl. (wann?) of* morguninn *am Morgen* 9 6 11 19 12 24 31 13 7; *wegen, in Ansehung von* 5 11 6 35 8 16 9 27 27 10 13 15 *in, auf of et sama fnr eodem modo* 3 4; *partic. explet.* 8 29 9 29

ok *conj. und:* 3 2 2 4 5 5 14 22 23 24 4 10 12 13 13 18 19 23 34 5 7 10 14 19 23 27 32 35 37 6 1 9 11 12 19 28 31 32 33 35 7 2 4 7 8 12 15 17 18 18 20 21 21 22 28 29 30 31 32 33 35 38 8 1 4 4 4 6 7 8 9 13 14 21 25 26 27 28 30 30 33 34 9 4 5 5 5 6 8 10 11 14 14 20 21 21 26 27 33 34 10 6 6 7 9 12 14 19 25 27 30 32 35 35 36 11 6 8 11 14 17 18 26 28 30 31 33 36 12 2 3 6 6 6 8 9 10 16 20 25 25 28 30 31 32 35 13 2 3 4 7 16 17 18 21 29 14 15 29 29; bæði-ok *(s:* bæði) 3 2 25 7 20 11 14 12 11; — 'auch': 5 20 29 9 19 22 10 33 12 8 33; *als, wie in:* onn sami ok *(idem atque)* 10 16

or *præp. c. dat. aus:* 3 20 4 15 33 5 23 6 19 7 32; 6 30 31 7 9 9 9 14 14 seggjask or lögum *(s:* seggjask) 8 33

orð *n. Wort:* orð (ekki orð) *asg* 9 6; *Nachricht, Botschaft* orð *npl* 13 2 göra orð *(s:* göra) *apl* 8 21 9 6 senda orð til *apl* 12 34

órr *(d. i:* várr) *pron. unser;* óru (at óru tali) *dntsg* 6 14 14 órum *dmpl* 3 1 ór (ór lög) *antpl* 12 23

orrosta *f. Kampf, Streit;* orrostur *apl* 9 15

oss *(d. i:* várr) *pron. unser;* ossa (ossa landa) *ampl* 8 2

patriarcha, lat. 13 17

pávi *m. Pabst;* pávi *nsg* 11 8 13 6 16 páva *gsg* 13 25

peningr *m. Pfennig;* pening *asg* 5 5

prestr *m. Priester;* prestr *nsg* 8 7 10 30 prests *gsg* 9 32 11 6 presti *dsg* 3 2 prest *asg* 7 29 presta *gpl* 12 34

ráð *n. Rath, guter Rath, Vorschlag;* ráð *nsg* 9 18 ráðs *gsg* 6 8 ráði (at ráði *nach d. Vorschlag)* 5 4 7 6 11 ráð *npl* 4 36; *Plan, Unternehmen* ráð *nsg* 9 16; *in:* um-ráð

ráða (réð) *rathen;* ráða (láta einn ráða *einen schalten und walten lassen) inf.* 9 19; *deuten einen Traum* réð 3 *sg præt* 6 3 10; *ins Werk setzen, beschaffen, unternehmen* réði 3 *sg præt conj.* 9 24 réðisk 3 *pl præt conj. pass* 7 2

rauðr *adj. roth; im Beinam:* Eiríkr — *und* þorsteinn enn rauði *nmsg schw* 7 16 14 25 -ens rauða *gmsg* 5 37 14 6 -enum rauða *dmsg* 7 26

refr *m. Fuchs; im Beinam:* þórólfr refr *nsg* 6 29

reiðr *adj. zornig, erzürnt über Etw* (við eitt); reiðr *nmsg* 8 1

réttr *adj. recht, richtig;* réttu (at réttu tali) *dntsg* 6 12 rétt *antsg* (= *adv. in:* rétt virtt) 12 2

rex latein.: Ólafr r. 7 27 Haraldr r. 11 2

reyna (nd) *prüfen, prüfend erkennen;* reynisk 3 *sg præs pass* 3 7

ríða (reið) *reiten;* ríðandi *nsg part præs* 8 25 ríðu 3 *pl prœt* 8 26
ríki *n. Macht, Herrschaft;* ríkis *gsg* 10 15
ríkis-maðr *m. Machthaber;* ríkismenn (höfðingjar ok r.) *npl* 10 14
ríta (reit) *schreiben;* ritit (ritit es) *ppr* 4 3
rjúpa *f. Schneehuhn (s: Gloss.), im Beinam:* þorhildr rj.; rjúpu *gsg* 14 7
rœða (dd) *reden, sprechen, aussprechen;* rœtt *ppr* 11 25
róma (að) *Beifall äussern über Etwas* (eitt); róma *inf.* 6 6
sá, sú, þat (sá, sú, sjá, þat *n u. antsg,* þess, þeim, þeiri, því, þann,
þeir, þær, þau *n und antpl,* þeira, þeim, þá; *fehlen:* þeirar *und* þá
ufsg), *pron.* is, ea, id, *theils allein: 'dieser, diese, dieses', theils mit No-*
men: dér, die, dds (derjenige, solcher); þeir, þær, þau, *wenn allein,*
Plural zu hann, hon, þat: *'er, sie, es'; in Verbind. mit* es, *part. relat.:*
'qui, quæ, quod' (s: 2. es)

    sá *nmsg* sá staðr 12 12 friðr sá 9 18 sá hét Colr 5 15; sá es- 4 17 23 33
5 4 11 13 8 8 13 30 14 1 10 17 sá . . . es- 7 25 10 31; sú *nfsg* sú heiðni
9 30 sú es- 5 16; sjá *(für* sá *oder* sú) *nfsg* 13 28

    þat *nntsg* dds, es, diess 6 35 6 11 8 6 10 16 31 31 9 11 11 18 31 25 10 31 12
1 29 32 13 2 þat vas *(diess geschah —)* 4 2 5 24 29 7 23 9 35 11 10 16 18
12 33 13 22; 6 27 12 3 5 31 13 27; *mit Nomen, vor ihm:* þat ráð 9 16 *nach*
ihm: 5 8 17 7 15 12 6 23

    þat *antsg:* dds, diess 3 7 5 17 33 38 6 6 7 19 10 12 25 11 15 13 1 á þat 4
16 12 8 of þat 10 13 við þat 6 10 8 1 eptir þat es *(nachdem dass —)*
10 34 11 23; *mit Nomen, vor ihm:* 8 3 11 1 26 13 3, *nach ihm:* 5 6 7 21 37

    þess *gsg in:* til þess 12 26 til þess at 8 17 10 9 12 13 til þess unz 4 15
9 15; *mit Nomen, vor ihm:* 3 12 22 6 8 *nach ihm:* 6 19 12 8 13 25

    þeim *dmsg mit Nomen:* 6 26 12 4

    þeiri *d/sg* 3 6

    því *dntsg* 3 5 9 1 24 12 5 32 því nœr *(s:* nœr) 5 22 af því *daraus:* 4
13 7 21 *desshalb:* 5 18 8 32 af því at *weil* 4 11 15 6 22 7 5 8 15 22 10 10
(13 2) at því es- *(od.* at því sem 4 36) *demzufolge, dass* — 4 3 7 25 9
31 11 32 13 25 frá því *davon* 4 18 frá því at *(od.* frá því es) *darüber,*
dass — 9 13 3 16 með því at *weil* 3 3; *mit Nomen, vor ihm:* 6 27 (5 19)
7 1 9 11 10 26 13 15 *nach ihm:* 4 20 6 26

    þann *amsg* 8 10 þann (vetr) 11 23; *mit Nomen, vor ihm:* 3 21 4 9 6
3 9 5 *nach ihm:* 7 29 8 20

    þeir *nmpl: 'sie'* 4 11 12 13 16 5 32 6 6 25 28 31 7 6 20 8 7 13 20 23 24
26 27 28 31 9 16 17 18 10 29 12 26 þeir — II *d. i:* þeira tveir 10 28 þeir
Gizor *d. i: G. und die Seinen* 8 20 þeir Gizor ok Hjalti: *sie, G. u. Hj.*
(vgl: hann þorgeirr 9 4) 8 3 29 *ebenso:* þeir Eyst. ok Sig. 13 20; þeir
es: *die (diejenigen, solche), welche — Mit Nomen* 4 10 23 5 10 10 26 fleiri
þeir (es): 6 33 *ohne Nomen* 7 6 8 33 8 25 9 26 10 5 12 18

    þær *n/pl:* þær barsmíðr 9 12

    þau *nntpl* 4 35 12 27 þau *(hœc i. e: hujusmodi)* 4 19; — þau *antpl*
12 27 28 *mit Nomen* 8 35 9 34 12 26

    þeira *gpl 'ihrer'* 6 17 7 9 8 22 23 26 35 9 16 20 11 30 31 32 14 26 þeira
Teits ok þorkels ok þuríðar *(s:* þeir) 3 22 6 18 11 11 12 25 14 38 þeira

(sá, sú, þat)
Sæmundar *d. f:* þeira Gizorar ok Sæmundar 11 36 þeira Bergþórs ok
annarra sp. m. *d. i:* þeira Hafliðn ok Bergþ. ok a. sp. m. 12 25; —
mit Nomen 10 1 11 20 35 12 25
þeim *dpl 'ihnen'* 3 2 3 5 31 8 22 23 26 12 27; *mit Nomen:* á þeim
dögum *(damals)* 11 4
þá *ampl 'sie'* 8 4 9 1; þá es *eos qui* 9 19; *mit Nomen:* 7 36 8 2
sætta (tt) *vergleichen, ein Uebereinkommen treffen über Etwas* (á eitt);
sættusk *(d. i:* sœttu sik) 3 *pl prœt* 4 16
saga *f. Aussage, Bericht* sögu (at sögu eins) *dsg* 9 32 10 2 11 28 *Vortrag*
12 34; *Geschichte 'Saga'* sögu (í sögu hans) *dsg* 4 3; *in:* lög-saga
sak-sókn *f. Verfolgung einer Rechtssuche;* saksóknir *apl* 7 4
sami *(schw von* samr, *adj.) in:* enn sami, *pron. derselbe;* et sama *antsg*
3 4 8 3 9 32 13 18 enu sama *dntsg* 10 16 13 15
saman *adv. zusammen* 6 16 7 5 8 28 13 28
sannliga *adv. in Wahrheit* 4 4
sannr *(od.* saðr) *adj. wahr;* satt *nntsg* 9 22 sannara *nntsg comp.* 3 7
sáttr *einig, versöhnt, wegen* —, *in Etwas* (á eitt, *vgl.* sætta); sáttir
nmpl 7 6
segja (sagðn) *sagen, berichten;* segja *inf.* 5 33 8 10 sagði 3 *sg prœt* 4 24
33 5 15 20 7 10 37 9 8 11 13 30 11 10 11 25 30 sagt *ppr* 3 0 4 4 18 5 3 20
8 31 11 32; segja upp *(od. u. s.) vom Aufsagen, Vortragen der Gesetze*
(s: lögsaga, *f.)* segja u. *inf.* 8 35 9 3 25 12 28 sagði u. 12 23 33 sagt u.
12 31; seggjask *(d. i:* seggja sik) or lögum *sich aus der Gemeinschaft*
heraus —, *seinen Austritt aus ihr erklären* sögðusk 3 *pl prœt* 8 32; sagðr
ppr in: missagðr
sekr *adj. verurtheilt, geächtet;* sekr *(in:* verða sekr) *nmsg* 5 11 6 32 8 15
sekir *nmpl* 10 15
secundus *lat.* 13 16
selja (selda) *übergeben, aushändigen;* seldu 3 *pl prœt* 10 27
sem *conj. wie, in:* svá sem *so wie* 6 10 12 14 13 1 8 *(bloss* sem 7 9 8 37
9 24 30) slík sem 10 13; *part. rel.* == es: at því sem 4 36 þar sem 4 7
5 16 hvárt sem 12 2 .
senda (nd) *senden, schicken;* sendi 3 *sg prœt* 7 28 12 34; sendusk ==
sendu sik *d. i:* sér sendeten sich, *sendeten sich gegenseitig* —) 3 *pl*
prœt 9 17
septimus *lat.* 11 7 13 5
setja (setta) *setzen* settisk *(d. i:* setti sik) *in:* settisk hann upp 3 *sg*
prœt 9 6; *einrichten, anordnen* setja *inf.* 5 3 setti 3 *sg prœt* 10 11 sett
ppr 4 36 5 7 7 10
setning *f. Einrichtung;* setning *dsg* 3 15; *in:* laga-setning
sétti *num. ord. der sechste;* ens sétta *gmsg* 5 31 et sétta (ár) *sextum an-*
num antsg 6 17
síðan *adv. seitdem, darauf, nachher* 3 5 4 9 11 5 6 14 16 17 21 6 2 5 26 30
33 7 10 17 8 13 25 34 9 34 10 3 28 11 6 8 33 12 3 13 6; síðan os *conj.*
seitdem dass, sobald als 6 7 9 3

síðar (síðarr 4 ɴ AB) adv. comp. später, darauf 13 18 m. dat. (um wie viel?), nach ihm: 4 6 10 18 13 10 11 20 vor ihm: 9 29

siðr m. Sitte; Bekenntniss, Religion (s: Gloss.) sið asg 9 21

ein, sér, sik: sui, sibi, se, pron. refl.; sín 9 15 sér 8 6 10 13 13 13 sik 9 5; -sik suffx. im acc. c. inf. hugðisk 5 38 6 2 kváðusk 10 5; — med: sættusk 4 16 börðusk 6 28 31 berjask 8 28 barðisk 9 32 skírnsk 7 31 sögðusk 8 32 leystisk 9 1 lagðisk 9 4 settisk 9 6 sendusk 9 17 gangask 9 19 vígjask 11 6 13 1; — pass: reynisk 3 7 bygðisk 3 20 7 15 galzk 4 21 fundusk 5 17 eyksk 6 14 heyjask 6 29 réðisk 7 2 fannsk 7 15 takask 8 1 görðisk 8 31 9 12 16 eyddisk 9 13 litisk 12 27 fékksk 13 2 lýksk 13 26; — dep: farizk 8 9 andaðisk 10 16 35 11 9 18 23 13 14 24 þróask 12 12

1. sinn, sín, sitt pron. sein; sins gmsg 12 13 gntsg 9 21 sinn amsg 5 14 9 4 13 22 sinni dfsg 8 5 14 27 sína nfsg 4 9 9 8 sínu dntsg 9 23 sitt antsg 12 2; sinum dpl 12 35 sina ampl 6 35 10 27 sin antpl 8 30

2. sinn n. Gang, ·mal; sinn (í annat sinn zum 2. Male) asg 4 5 11 3 3

sitja (sat) sitzen; setit ppr 13 19

1. sjá (sá) sehen; sá (at eigi of sá a m. dass man nicht sah —) 3 sg prt 8 29 sá (d. i: sáu) 3 pl prt 10 25

2. sjá (d. i: sá od. sú) pron. s: sú, sú, þat

sjálfr pron. selber; sjálfr nmsg 7 26 8 10 10 11 11 15 13 2 sjálft nntsg 12 6

sjaundi num. ord. siebenter; sjaunda nntsg 6 15 antsg 6 8

skilja (ld) trennen; ausnehmen von Etw (frá einu, vgl: nema frá) skiliðr nmsg ppr 4 18; erkennen, discernere skilja inf. 4 13 7 21

skipta (pt) theilen, eintheilen Etw (einu) in Etw (í eitt), skipt (vas landinu sk. í fjórð. dividebatur terra in quadr.) ppr 7 8

skíra (rð) reinigen, taufen; skírði 3 sg prt 7 30 11 15 skírðr nmsg ppr 11 15 14 27 skírnsk (d. i: skíra sik) inf. 7 31; skírðr ppr in: ú-skírðr

skírn f. Taufe; skírn (taka sk.) asg 9 26

skírr adj. klar, deutlich, in: göra skírt bekannt machen, verkünden; skírt antsg 4 22

skógr pl. -ar. m. Wald; í skógum dpl 5 19; in: Blá-skógar

skrifa (að) schreiben; skrifa (skr. á bók) inf. 12 24 skrifaða 1 sg prt 3 3 skrifaðr nmsg ppr 12 30 skrifuð nfsg ppr 11 28

skulu (skal-skylda) sollen, werden (zur Umschreib. des Futur.); skal (man soll 3 sg præs 6 17 skal (es soll) 12 7; skyldi 3 sg prt (theils indic., theils conj.) 4 17 22 6 9 7 8 8 35 9 2 10 12 12 9 13 1 man sollte: 5 1 6 27 9 11 12 23 27 35; skyldi 3 pl prt conj. 8 11 22 9 1 7 9 24 25; skyldu 3 pl prt 7 4 9 27 28 12 26

skyldr adj. schuldig, sich gebührend; skylt (þá es skylt: tum oportet, decet) nntsg 3 7

slíkr adj. solcher; slík nntpl 10 13

slíta (sleit) zerreissen; slíta inf. 9 22 slítum 1 pl præs 9 22

snim-hendis adv. frühzeitig; 7 31

sœkja (sótta) suchen, besuchen sœkja (s: þing) inf. 7 7; klagen, Anklage erheben übr Etw (eitt od. of eitt), sœkja (s. vígsakar, s. of víg cön harma) inf. 6 27 35 sóttir (accusati) nmpl ppr 6 25

sœnskr *adj. schwedisch, im Beinam:* Ólafr enn sœnski; sœnska *amsg schw* 9 33

sök *f. Streitsache, Process* sökinni (höfðingi at **s**.) *dsg m. art.* 6 22 **sakarnar** *npl m. art.* 6 30; sökum (af rikis sökum) *dpl* 10 15; *in:* vigsök

sofa (svaf) *schlafen:* sofa *inf.* 6 2

sofna (að) *in Schlaf verfallen;* sofna *inf.* 6 2

sólar-gangr *m. Gang, Lauf .der Sonne:* sólargangi *dsg* 5 32

sonr *m. Sohn;* sonr *nsg* 3 8 4 25 30 5 26 36 6 20 11 21 (sonr *auch in* Hængs-sonr 5 22 *und* Skeggja-sonr 7 32 *während sonst:* -son *nsg* 4 1 24 26 5 9 15 6 3 23 25 7 11 12 14 27 31 32 9 31 10 8 10 17 19 19 20 21 22 34 11 1 4 5 12 20 21. 22 13 9); sonar *gsg* 3 23 6 19 10 24 (-sonar *gsg* 3 21 24 5 1 36 6 4 21 23 7 12 27 27 33 10 17 17 18 23 24 24 11 12 22 26 12 24 36 13 22 23 14 12) -syni *dsg* 7 25 -son *asg* 9 33 34 35 12 36 13 22 sonu *apl* 10 27 29; *in:* dóttur-s., systur s.

sótt *f. Krankheit;* sótt *dsg* 12 34

spakr *adj. klug, verständig, erfahren;* spakir (sp. menn) *nmpl* 5 20 6 7 11 31 spakra (sp. manna) *gmpl* 5 26 6 12 12 25 spökustu (enir sp. menn) *nmpl superl. schw* 5 29 spakastan *amsg superl.* 3 23; *im Beinam* -enn spaki *nmsg schw:* Bjarni enn sp. 11 32 Gunnarr enn sp. 10 35 ens spaka *gmsg schw* Gunnars-ens sp. 12 20 Þorleifs ens sp. 5 1; *in:* marg-spakr

spyrja (spurða) *erfahren;* spurt *ppr* 8 23

staðr *m. Stätte, Stelle, Ort;* staðr *nsg* 12 12 stað (í þeim stað) *dsg* 6 26 stað (í stað þann) 8 20

standa (stóð) *stehen, bestehen;* standa *inf.* 9 27

stein-smiði *n. Geräthschaft aus Stein;* steinsmiði *asg* 7 21

stóll *m. Stuhl (vom Bischofssitze,* byskops-stóll 12 14); stóll *nsg* 12 8 stóls *gsg* 13 9 12 stólsins *m. art.* 12 10 stóli *dsg* 13 19; *in:* byskops-st.

stund *f. Weile;* stundu (af stundu: *alsbald) dsg* 9 17 stundum — stundum bald — bald *dpl* 4 21 21

suðr *adv. südwärts, südlich* 4 6 27 13 30

sumar *n. Sommer;* sumarit *nsg m. art.* 5 33 sumar *asg (wann?)* 6 9 8 3 7 11 16 9 32 11 1 26 12 22 26 33 13 3 18 *(wie lange?)* 11 3 sumarit (of s. eptir *im Sommer darauf) asg m. art.* 12 31 13 7 sumri (es x vikur váru af sumri: — 10 *Wochen vom Sommer d. h: vom Beginne des Sommers an gerechnet)* 8 9 12 sumur *apl (wie lange?)* 5 23 7 13 14 10 9 11 20 20 21 36 11 3 28 12 21 22

sundr *adv. in:* í sundr *entzwei, getrennt,* slita í sundr 9 22

sunnan *adv. von Süden her* s. af Frakklandi 11 5

surtr (d. í: svartr) *adj. schwarz im Beinam:* Þorsteinn s.; surtr *nnsg* 5 35

svá *adv. so, auf diese Weise* 3 3 12 7 svá es sagt at .. 4 18 5 3 8 30 svá sagði NN 4 24 33 5 15 7 10 8 9 11 10 14 25 5 20; svá sem *so wie* 6 10 12 14 13 1 8 svá at — *ita ut* — 5 21 6 4 7 3 8 28 9 17 20 23 svá .. es, *dass.* 8 11

svar-dagi *m. Eid;* með svardögum *dpl* 12 5

svartr *adj. schwarz; im Beinam:* Hálfdan enn svarti; ens svarta *gmsg schw* 3 11 21; *vgl:* surtr, *adj.*

sverja (sór) *schwören;* sóru 3 *pl prœt* 12 2
sýna (nd) *weisen, zeigen;* sýndak (*d. i:* sýnda ek) 1 *sg prœt* 3 2
syrtir *f. Schwester;* systir *nsg* 6 24
systur-dóttir *f. Schwestertochter;* s-dóttur *asg* 6 23
systur-son *m. Schwestersohn;* s-son *nsg* 10 10 11 4
taka (tók) *nehmen; annehmen Etw* (eitt *od.* við oinu) t. kristni 8 1 6
t. skirn *die Taufe annehmen, sich taufen lassen* 9 26 t. við trú *das Bekennt-*
niss annehmen 7 30 8 6; t. eitt í lög *Etw in d. Gesetze aufnehmen,* —
gesetzl. sanctioniren 11 17; *nehmen, wählen zu Etw* (til eins) 12 30; *über-*
nehmen t. lögsögu (*s:* lögsaga) 5 22 26 7 13 10 8 19 36 11 1 26 12 20;
t. *mit* at *u. inf: unternehmen, beginnen* 7 23; taka *inf.* 9 26 takask *inf. pass.*
8 1 tók 3 *sg prœt* 5 22 26 7 12 23 10 8 19 11 1 26 12 20 tóku 3 *pl prœt*
7 30 tekit *ppr* 8 6 10 36 tekin *n/sg ppr* teknir *nmpl ppr* 12 26
tal *n. Zählung, Berechnung;* at .. tali *dsg* 6 12 14 14 9 36 13 27; *in:* misseris-tal
tala *f. Rede, Aussage* at .. tölu *dsg* 3 22 5 25; *Rede, oratio* tölu *asg* 6
34 9 7; *Ansprache, Züreden* (?) af tölum *dpl* 11 36; *in:* sættar-tala
tegr *s:* tigr
telja (talda) *sagen, erklären, berichten* 6 35 7 25 9 10 t. tölu *eine Rede*
halten 6 33; *zählen, berechnen* 5 30 12 1 15 13 25; telja *inf.* 12 15 taldi
3 *sg prœt* 6 33 35 7 25 9 10 töldu 3 *pl prœt* 12 1 talit *ppr* 5 30 13 25;
talðr *ppr in:* útaliðr
tíð *f. u. m. Zeit í* þann tíð (*damals*) *asg* 3 21 4 9 langa tíð (*per longum*
tempus) *asg* 9 15; *in:* há-tíð
tigr (*od.* tegr *od.* tögr) *m. Decade;* tigar (*ens* VI. tegar *sextœ decadis*)
gsg 5 31
til *prœp. m. gen. zu; Richtung, wohin?* fara til- 4 4 6 31 8 13 13 ganga
til- 8 30 9 7 gefa til- 5 6 koma til- 7 1 8 11 10 33 11 6 13 7 muna til-
5 33 senda til- 7 99 12 34 (8 21); segja til- *sprechen über-* 11 31; *Ab-*
sicht, Zweck, wozu? 5 18 19 19 10 27 12 10 til þess *dazu* 12 26 (*ohne Nom.*
til *d. i.* til þess 5 5 8 5 12 15) til þess .. at *desshalb, dass-* 8 17 til
þess unz *so lange, bis-* 4 15 9 15; lof til- *Erlaubniss zu-* 10 9; vigja
til- *weihen zu-* 10 22 27 28 11 6 7 21 13 1 4 5 9 9 12 12; — *adv. in:* vera
til *vorhanden sein* 5 1 koma til an-, *gelangen* 13 2 þangat til *bis da-*
hin 8 12
tíund *f. Zehnt, decima;* tíund *asg* 12 3 tiundir *npl* 12 6
tré-telgja *f. Raumaxt?* 'en er spurðist til Ólafs í Svíþjóð at hann ryðr
markir, kölluðu þeir hann 'trételgju' ok þótti hœðiligt hans ráð' *Hkr.*
I, *k.* 46, 37[1] *U cf:* τάς öxarnar Húntelgju (*var:* Himintelgju) ok Snögu
Sturl. I, 2, 108[1] Svbj. Egils. s. v. telgja) *im Beinam:* Ólafr tr.; tré-
telgja *nsg* 14 22 trételgju *gsg* 3 8
trú *f. Glauben, vom christl. Bekenntnisse;* trú *dsg* 7 30
tveir *num. card. zwei;* tveim *dpl* 5 25 30 35; tveggja *gpl in:* hvárr-tveggja;
-tveggi (*gebildet aus* tveggja *gpl*) *schw in:* hvárr-tveggi
þá *adv. da, damals* 3 7 4 10 14 16 34 36 5 29 6 11 27 31 31 33 7 3 8 10 34 9
3 8 25 32 11 7 13 24 12 16 29 30 33 34 13 4 5 10 13 19 20; *dann* 6 9 13 7 13

10 9 11 1 þá-þá-þá *da — dann — dann* 10 19 *dann — dann — dann* 11 2 þá-, en þá *dann — dann* 12 21; þá *im Nachsatze:* (es-) þá 10 26 (þá **q-**-) þá 4 32 5 32 6 15 7 35 12 12 13 8 11 (síðan es-) þá 6 6 8 9 4 (með því at-) þá 3 3 (svá sem-) þá 6 10 (ef-) þá 6 17 (fyrr en-) þá 8 24

þaðan *adv. von da-, von dorther* 4 18 8 21 24; 4 26 27 29 31; maðr norrœnn .. at fœri þaðan *d. i.* ur Norvegi 4 4

þagna (að) *still werden;* þagnaði 3 *sg prœt* 6 5

þangat *adv. da-, dorthin, örtl.:* þangat 7 7 17 fýsa þangat farar (*entw:* fýsa farar þangat *od:* fýsa þangat-farar) 7 19; *zeitl:* þangat til *bis dahin d. i: bis zu diesem Jahre* 8 12

þar *adv. da, dort* 4 20 5 10 14 18 6 1 28 29 31 7 20 21 8 2 10 24 30 32 9 8 10 35 11 12 12 10 þar es *da, wo* 5 8 (þar .. es 4 8 7 17) þar sem *da wo* 4 6 5 16 þar við *dazu* 3 3 þar .. fyr vestan: *westl. von dort d. i. vom* Skagafj. 7 8

þegar *adv. sofort* 6 11 8 13

þegja (þagða) *schweigen;* þegja *inf.* 6 4

þessi *pron. dieser:* þessa *afsg* 3 4 þessi (*d. i:* þessuri) *dfsg* 3 6 11 29 þenna *nmsg* 8 17 9 30 þetta *nntsg* 13 20 þessir *nmpl* 10 2 þessum *dpl* 3 7 þessi *nntpl* 10 1 14 15; *s:* þvísa

þess-konar *gmsy dieser Art, ejusmodi* þ. þjoð-, es- 7 22

þiggja (þá) *nehmen* þ. undan *entnehmen, befreien Jem.* (einn); þágo 3 *pl prœt* 8 4

þing *n. Ding, Dingstätte, s: Glossar.* (þing = alþing 6 8 8 21 26); þing *nsg* 5 8 þings *gsg* 6 8 8 21 þingi 6 26 28 þingit *asg m. art.* 7 7 8 26 þing *apl* 6 35 7 3; *in:* fjórðungar-þing

þinga-deild *f. Dingstreit;* þingadeild *nsg* 6 18

þing-för *f. Reise zum Alding in:* þingfarar-kaup, *n.* '*Abgabe der zum Besuche des Thing verpflichteten, aber nicht erscheinenden Bauern' Maurer, Beitr.* 102 *anm.* 4; þ.-kaupi *dsg* 12 19

þingu-nautr *m. Dinggenosse;* þingnautar *npl* 7 4

þing-völlr *Ding-ebne, die zur Abhaltung des Alding bestimmte grosse Ebne, nordöstl. vom* Ölfuss- *oder* þingvalla-vatn, *zwischen den beiden parallelen Schluchten* Almanna-gjá *und* Hrafnagjá; *einst:* 'þingvöllr' *z. B.* (Landn.) *Isl.* I, 317[1] 329[2] *u. a., jetzt:* 'þingvellir'; þ-völlinn *asg m. art.* 8 24

þjóð *n. Volk, Leute;* þjóð *nsg* 7 22

þó *adv. doch* 7 8 34

þótt (*d. i:* þóat) *conj.* (*m. conjunctiv) obgleich* 9 16

þræll *m. Knecht, Unfreier;* þræls *gsg* 5 11

þre-vetr *adj. drei Winter alt;* þrevetran *amsg* 11 16

þriði *num. ord. dritter;* þriðja (á enum þridja degi) *dmsg* 13 15. *NB.* á enum þriðja (viku-) degi *d. i:* þýrsdegi, *nach der Bestimmung des Bisch.* Jón Ögmundarson, *dass die Tage der Woche nicht nach den heidn. Göttern, sondern nach der Zahl bezeichnet würden, s:* Bp I (Jóns *s. k.* 24), 237[27] *ff. vgl.* Maurer, *Altn. s.* 174, *unten* þritög-nátti *m.* (*d. h. etwa: 'Dreissig-nachter'?*); þritögnáttar (mánuðr xii þrít.: 12 *Munate zu je 30 Nächten*) npl 5 31

þrí-tögr *adj. von dreissig* (*d. i: Jahren*); þritögr *nnsg* 11 17

þróask (að) *gedeihen, un-, in Etw* (at einu); þróazk (hafa þr. *d. i:* þróat-sik *conralnisse*) ppr 12 12

þurfa (þarf) *brauchen, bedürfen,* þarf (*man hat nöthig, man muss*) 3 *sq* prœs 6 17

þvísn *d. i:* þessu; þvísa (á þv. landi) 10 26

þykkja (þótta) *däuchen, scheinen; impers.* þykkir 3 *sq* prœs 8 19 9 18 þótti 3 *sg præt* 4 16 9 8 12 12

ú-kunn *adj. unbekannt:* úkunn (í úkunn þing) *antpl* 6 35

ú-friðr *m. Feindschaft, Streit;* úfrið *usg* 9 14

ú-lœrðr *adj. ungelehrt,* úlærðr maðr *ein Laie (opp: Kleriker);* úlœrðra (úl. manna) *gmpl* 10 33

ú-ljúgfróðr *adj. wahrhaftig in dem, was man berichtet;* úljúgfróð *nfsy* 3 25

ú-lýginn *adj. wahrheitsgetreu;* úlýginn *nmsg* 11 14

um (*od.* umb) *prœp. um, über; ohne Nomen:* hann taldi um (þat), hve-: *darüber, wie* — 6 34

um-fram *adv. überdiess, ausserdem* 5 32

um-ráð *n. Rath, Beirath;* umráði (með u. eins) 11 36 12 25

um-sýsla *f. Fürsorge, Bemühung;* umsýslu *dsg* 8 5

undan *prœp. m. dat. weg, fort- in:* leysask u. einu *(prœp. nach gestellt)* (*z:* leysa) 9 1; *adv. ent- in:* þiggja u. (*z:* þiggja) 8 4

ú-nýtr *adj. unbrauchbar, schlimm, verderblich;* únýtt (í únýtt efni) *antsg* 9 9

unz *conj. bis, bis dass* unz 4 21 8 20 til þess unz 4 15 9 15

upp *adv. auf, aufwärts in* bera u. 8 30 hefja u. 9 8 settjask u. 9 6 seggja u. 9 2 34 12 23 28 31 33

upp-haf *n. Anfang von-, zu Etw* (at einu); upphöf *npl* 4 30

ú-sœtti *n. Zwietracht;* úsœtti (at því ú.) *dsg* 9 12

ú-skírðr *ppr noch ungetauft;* úskírðr *nmpl* 9 26

út *adv. aus, heraus, hier heraus d. i: nach Island* (*z: Gloss.*) út 13 3 út hingat 4 14 33 11 9. *NB.* út *hinaus nach Grœnl.* 7 17 26

ú-taldr (*od.* útaliðr) *ppr ungezählt;* útaldir *nmpl* 12 18

utan *adv. von aussen her, von hier aussen* (*d. i: von Island*)'*weg, z:* út; utan héðan 8 3 13 3; *in:* fyr-utan 3 4

út-burðr *m. Austragung, Aussetzung der Kinder,* útb. barna (*z: Glossar*); útburð (of barna útb.) *usg* 9 27

út-lendr *adj. ausländisch;* útlendir *nmpl* 10 2 útlendum *dmpl* 3 17

ú-þingfœrr *adj. unfähig zur Dingreise;* úþingfœrr *nmsg* 12 34

vaka (vakta) *wachen, wach sein;* vaka *inf.* 6 1

vakna (að) *erwachen, wach werden* vakna *inf.* 6 3; *sich klar-, bewusst werden einer Sache* (við eitt) vöknuðu 3 *pl præt* 6 10

valda (olla) *walten, bewirken, Schuld sein an Etwas;* olli (- segja, at .. þat olli: *sagen, dass .. diess der Grund war, näml. davon,* at sumarit munaði aptr til vársins) 3 *sg præt* 5 35

ván *f. Erwartung, Hoffnung auf Etw* (eins); ván *nsg* 2 12 ván (*s:* láta)
asg 8 6

vand-ræði *n_ Schwierigkeit, Verlegenheit;* vandræði (τῶν ýmissa v.),
apl 7 *s*

vár *n. Frühling;* vársins *gsg m. art* 5 33

varða (að) *gelten —, eintreten als Strafe* fjörbaugsgarðr (*scil.* skyldi)
valda: *dreijährige Verbannung sollte es kosten;* varða *inf* 2 24

várr (*und* órr, *s: diess) pron. unser;* várt (fyr v. minni) *antsg* 11 21

váttr *m. Zeuge;* vátta *apl* 8 32 váttum *dpl* 2 29

vaxa (óx) *wachsen;* vaxinn, ppr *bewachsen mit Etw* (einu); vaxit (vas
Ísland viði v.) *ppr* 4 9

vega (vá) *schlagen, erschlagen;* vegandi *(der, welcher erschlägt d. i: inter-
fector) nmsg* ppr 10 12; vegit (hafði v.) *ppr* 7 34

vegr *m. Weg; Art und Weise in:* annan veg (*alio modo*) *asg* 5 *s* á marga
vega (*auf viele Arten, vielfältig*) *apl* 2 10; *in:* Nor-vegr

veiði-konungr *m. Jagdkönig, im Beinam:* Guðröðr v. (*s: Glossar*); veiði-
konungs *gsg* 3 10

vel *adv. wohl, bene;* vakna v. 6 11 farask at v. 8 9 mæla v. 8 31 þróask
vel 12 13 líka v. 12 32

vendil-kráka *f. 'Wendel-krähe' (nach der Landschaft* Vendill *im nördl.
Jütland) im Beinam:* Egill v., *nsg* 14 20

vér *pron. wir;* vér *nos* 2 19 22 21 11 35; oss *nobis* 4 24 34 5 20 7 10 9 31
11 10 14 25

vera (var) *sein s:* vesa

verða (varð) *werden; werden entstehen (m. Subst.):* 5 31 6 14 15 16 7 2 3
9 11 12 (þat verðr [*d. i.* verða] ár) 13 27 *werden zu Etw* (*z. B.,* hann
varð höfðingi): 3 12 5 17 6 22 10 29 *werden etwas (m. adj.):* 3 5 4 19 5
11 (8 15) 5 25 6 32 7 6 8 1 2 21 10 14 *geschehen, sich ereignen:* 4 14 6 13
13 20; verða *mit at u. inf:* þat varð at framfara — þat fór fram das
wurde vollbracht, — ausgeführt 12 29; verða fyrir (*s:* fyrir) 7 1 verða
at einu *Ursache werden zu Etw* 9 12; *zur Bild. des Passiv* verða *m. ppr*
urðu vígðir 10 28 yrði bygt 6 21 y. viðtekit 8 5 vas orðit bygt 4 32; —
verða *inf* 7 2 9 11 12 21 verðr 3 *sg præs* 13 27 verða 3 *pl præs* 6 31 6
14 15 18 varð 3 *sg præt* 3 5 12 4 14 5 17 6 18 22 33 7 1 8 1 12 29 13 29
urðu 3 *pl præt* 7 3 6 10 14 28 29 yrði 3 *sg præt conj* 4 19 5 21 25 8 5
orðit *ppr* 4 32 5 11 8 15

verja (varða) *wehren, verwehren Jem* (einum) *Etw* (eitt); verja *inf* 8 23

vesa (vas) *sein; verb copul: sein Etw (m. subst.):* 3 9 4 20 34 36⁸ 5 3 18
6 7 12 13 14 27 7 34 8 9 12 9 12 34 10 1 6 13 11 7¹ 10 12 3 4 14 16 13 4
5¹ 8 11 21 29 31 32 14 2 4 6 11 13⁸ 19⁸; *sein etw (m. adjj., part., pronom.):*
3 7 7¹ 25 4 6 9 13 19 5 21 27 34 36 6 1 20⁸ 28 7 5 9 3 26 10 10 25 32 11 7¹
14 34 12 4 34 13 5¹ 10 13 (*u. adv.* svá 12 7 síðan 11 29 31); *sich befinden*
(*wo?*): 4 10 6 2 8⁸ 8 38 6 21 26 38 7 8 8 3 10¹ 14 10 28 36 11 8 12 23 27
34 12 6 9 9 9 13 6; *sich ereignen (wann?):* 4 2 5 24 29 7 23 9 25 11 11 16
18 12 33 13 29; vesa *eptir zurückbleiben* 8 14 25 vera i — *bestehen in* —
12 3 vera til *vorhanden sein, zu Gebote stehen* 6 1 vera við- *bleiben bei*

— 4 12; — *verb. aux mit ppr:* 3 5² 6⁷ 4 3² 4¹ 6 17 18 (es *d. i:* eru):
20² 26 27 29 31 32 34 35 36¹ 5 3 5 7 12 13¹ 15 16¹ 16³ 6 11 20¹ 25 26³ 7 3 6
10 15² 17² 8 10² 16 21² 31 9 25 26 29 10 22 32 11 6 15 16 21 24 28 12 1 2 5
7 8 23 26 30 13 4 8 11 26 14 27

vesa (*spät.* vera) *inf* 4 12 5 38 9 26 10 6 12 7 9 es (*spät.* er) 3 *sg præs*
3 5² 6² 7¹ 4 3² 4¹ 6 18 20² 5 3 8 12 13¹ 16¹ 16³ 18 6 13 26³ 7 15² 17² 8
21² 31 11 28 12 7 13 26 29 14 9² 13² eru 3 *pl præs:* 4 26 27 29 31 35 6
12 10 1 12 4 14 15 vas (*spät.* var) 1 *sg præt:* 11 12 (vask *d. i:* vas ek
10 35 *s:* -ek) vas 3 *sg præt:* 3 9 25 4 2 5 9 32 34 5 2 7 8 15 24 27 29 34
36 6 1 11 20 20 21 24 26 28 7 3 23 8 10 10 14 16 9 3 12 25 29 34 35 10 10
22 25 28 32 11 6 7 7 8 11 14 15 16 18 21 25 24 34 12 1 3 5 6 9 23 30 33 34
13 4 4 5 5 6 8 10 11 13 22 31 32 14 2 4 6 11 27 váru 3 *pl præt:* 4 10 13 34
36 36 5 1 6 7 25 27 33 7 5 6 8 10 34 8 3 9 25 9 26 10 3 13 11 29 31 12 4
16 18 26 væri (3 *pl præt conj* 8 12 (3 *sg?*) 12 14) 3 *sg præt conj:* 4 17
19 5 3 5 21 8 12 10 32 11 16 12 2 9 14 verit (*in:* hafa verit) *ppr:* 4 20 7
35 10 1 11 10 27 35 13 8 11 21

vestan *adv. von Westen her, in:* fyr vestan *c. acc.* 4 8 (þar f. v. *d. i:*
f. v. Skagafjörð) 7 8

vestr *adv. westwärts, westlich* 4 29 7 20 14 5

vetr *m. Winter d. i: Jahr* (*s: Gloss.*); vetr *asg* 7 35 11 8 27 13 6 (vetrinn
m. art. 12 24) vetr *npl* 10 35 11 10 17 18 13 8 11 19 21 vetri *dsg* 5 24 10
34 11 16 19 13 10 vetra *gpl abh. von* gamall: 4 5 10 33 11 13 *abh. von*
d. Zahl (-tigr, *m.*) 4 19 5 21 11 12 vetrum *dpl* 4 2 6 5 24 7 24 9 29 35
10 18 11 23 13 10 13 20 23 21 27

vett-vangr *m. Ort, wo die That, bez. der Todtschlag stattgefunden;* vettvangi *dsg* 6 28

við (*od.* viðr 3 3) *præp. m. dat. u. acc. und adv: bei; m. dat. in:* taka
við einu *Etwas annehmen* 7 30 8 5; *m. acc. bei:* 8 4 9 1 4 12 *gegen:*
hvárir við aðra 8 33 *in:* berjask við einn 9 33 reiðr við eitt 8 1; *nach:*
kenna eitt við eitt 5 16; vakna við eitt (*s:* vakna) 6 10; koma við *beschaffen, beibringen Etw* (einu) 9 29 auka við *hinzufügen* 3 3 5 1

1. viða (uð) *Holz fällen;* viða *inf* 5 19

2. viða *adv. weit umher* v. bygt 4 32

1. viðr *s:* við *præp u. adv*

2. viðr *m. Holz, Baum, Wald;* viði *dsg* 4 9

víg *n. Todtschlag* víg *asg* 6 35 10 12 15; *Streit, Kampf* vigi *dsg* 8 23

vígja (gð) *weihen, einweihen Etw* (eitt) *zu Etw* (til eins) vigja *inf* 10 27
13 12 vigjask (*d. i:* vígja sik) *inf* 11 6 13 1 vigðr *nnsg ppr* 11 6 21 13
4 4 9 12 vígðir *nmpl ppr* 10 28

Víg-slóði *m. 'cædis traha'* (*s: Maurer, Graag.* 20ª) *Name des Abschnit-
tes in den Gesetzen, der vom Kampf und Todtschlag handelt;* v slóði
nsg 12 30

víg-sök *f. Rechtssache —, Klage die den Todtschlag betrifft* vígsakar
(sœkja τὰς vígsakar) *apl* 6 27

vika *f. Woche;* viku *dsg* 6 9 15 13 15 viku *asg* 8 12 vikur *npl* 5 31 8 9
12 vikum *dpl* 5 34

vilja (vilda) *wollen; geneigt sein* vildu 3 *pl præt* 9 28 vildi 3 *pl præt conj.* 9 16; *wollen m. inf.* viljn 3 *pl præs* 9 19 vil 1 *sg præs* 8 18 vildu 3 *pl præt* 4 12 7 7 vildi 3 *pl præt conj* 8 23

vin *m. Freund;* vinir *npl* 8 27 vinum *dpl* 12 35

virða (rð) *abschätzen;* virðu 3 *pl præt* 12 2 virdt (virtt) *ppr* 12 2 5

vísa *adj. gewiss, sicher* vísa (vísa ván *spes certa*) *nfsg* 9 12 'þikkir honum vísa ván at — *Mar* 53ᵇ³¹' *Fritzner* 719ᵇ)

vist *f. Aufenthalt;* vistir (manna-v.) *apl* 7 20

vita (veit) *wissen;* vitum (vitam A B 'vitim'? *Jón Siguiðsson*) 1 *pl præs* 11 35

yfir *præp. c. acc. über, in:* ganga yfir einn *über Jem ergehen, Jem widerfahren, Jem betreffen* 7 38

ymiss *adj. abwechselnd, bald der Eine, bald der Andre* ymissa (*d. i:* ymissra, ymsra manna) *gpl* 7 2

ANHANG

Verzeichniss der zweiten Bestandtheile der in den Orts-Namen und Wörtern der Ibk enthaltnen Composita, soweit jene nicht schon in dem Wörterverzeichnisse vorkommen

-á *f. fluvius 'Au' (z. B. Königs-au) in:* Ölfuss-á, Rang-á, Þjóra-á

-æingr *(von á, f. fluvius) pl:* -æingar *m. in:* Rangæingar

-auðn *f. vastitas in:* land-auðn

-beinn *adj. (von* bein *n. os u. crus) in:* hvít-b.

-berg *n. rupes in:* lög-berg

-bergi *n. rupes in:* lög-bergi *(vgl.* þing *u.* þingi, mál *u.* mæli, ráð *u.* ræði, sætt *u.* sætti *u. a.)*

-bólstaðr *(d. i:* ból, *n. domicilium und* staðr, *m. locus) m. in:* Breiða-bólstaðr

-brók *f. braca 'bruoch' in:* loð-brók

-brot *n. fragmentum in:* keipla-brot

-dagi *m. (von* dagr *m. s: Gloss.) in:* svar-dagi

-dalr *m. vallis s:* Dalir *npl;* -dalr *(m. dat:* -dali G 22 7 32 8 14 10 31 11 18 12 36) *in:* Hauka-d., Laugar-d., Örnólfs-d., Þjórsár-d.

-dœlr *(von* dalr *m.) pl.* dœlir *m. in:* Djúpdœlir

-dómr *m. judicium in:* byskups-d., fimtar-d., konung-d.

-ey *pl.* eyjar *f. insula in:* Vestmanna-eyjar

-eyri *(od.* eyrr) *f. litus in:* Minþaks-eyri

-fagr *adj. pulcher in:* hár-fagr

-feðgar *m. pl. pater et filius in:* lang-feðgar

-fell *n. mons in:* Ingólfs-f., Mos-f. (1. u. 2.)

-fellingr *(von* fell *n.) pl.* -ar *m. in:* Mos-fellingar

-firðingr *(von* fjörðr *m.) pl.* -ar *m. in:* Austfirðingar, Breiðfirðingar, Ey-firðingar

-firðskr *(von* fjörðr *m.) adj. in:* borg-firðskr, breið-firðskr

-fjörðr *pl.* firðir *m. sinus 'Föhrde' in:* Borgar-fj., Breiði-fj., Eiríks-fj., Eyja-fj., Skaga-fj.; -firðir *in:* Aust-firðir

-flótta *adj. (vgl.* flótti *m. fuga) in:* land-flótta

-gá *f. irrisio in:* goð-gá

-gætr *(von* GÁT *in:* geta, *adipisci) adj. in:* á-gætr

-gangr *m. itio in:* sólar-gangr

-garðr *m. sepes, prædium in:* fjör-baugs-g., Mikli-g.

-gi *part. suff.* 1. *verallgemeinernd, in:*
hvatki 2. *vernein., in:* hvergi, mangi
-haf *n.* (*von* hefja, hóf: *tollere*) *in:*
upp-haf
-hendis (*von* hönd, *f. manus*) *in:*
suim-hendis
-höfði (*von* höfuð *n. caput*) *m. in:*
hest-höfði (*vgl. d. Beinamen:* svart-
höfði, stakar-höfði, þing-höfði);
promontorium in: Ingólfs-höfði
-holt *n. silva in:* Skálaholt
-hverfi *n.* '*locus depressus, collibus
undique cinctus*' BH. *Thalniederung
in:* Rangár-hverfi
-illr *adj. malus in:* matar-illr
-katla (*von* ketill *m. lebes*) *in:* Vellan-
katla
-kaup *n. emtio in:* þingfarar-kaup
-kjöt *n. caro in:* hrossa-kjöt
-konar (*d. i:* kyns *gsg von* kyn *n.
genus*) *in:* þess-konar
-kráka *f. cornix in:* vendil-kráka
-lærðr *ppr* (*von* læra: *docere*) *in:*
ú-lærðr
-lát *n.* (*vgl.* láta, lét: *omittere*) *in:*
and-lát
-lendingr (*von* land *n. terra*) *pl.*
-lendingar *m. in:* Grœn-l., Ís-l.,
Norð-l.
-lendr (*von* land *n. terra*) *adj. in:*
út-lendr
-ljúgfróðr (*von* ljúg- [*vgl.* ljúga:
mentiri] und fróðr *adj. peritus*) *adj.
in:* ú-ljúgfróðr
-lýginn (*von* ljúga: *mentiri*) *adj. in:*
ú-lýginn
-mæli *n.* (*von* mál, *n. goth:* maþl)
in: ný-mæli
-mæltr (*von* mál *n. goth:* maþl) *adj.
in:* hás-mæltr
-menning (*von* mann- *in* maðr *m.*)
f. in: al-menning
-mennr (*von* mann- *in* maðr *m.*) *adj.
in:* fjöl-mennr
-mörk *f. silva in:* Dau-mörk

-nátti (*von* nátt, *f. nox*) *m.* (?) *in:*
þritög-nátti
-nautr *m. socius in:* þingu-nautr
-nefr (nef *n. nasus*) *adj. in:* flat-
nefr
-nefna *f.* (*vgl.* nefna: *nominare*) *in:*
dóm-nefna
-nes *n. promontorium in:* Kjallar n.,
Krist-n., þing-n.
-œfi (*d. i:* hœfi *vgl.* hefja, hóf: *tollere?*) *n. in:* auð-œfi
-ráðr (*von* ráð *n. consilium*) *adj. in:*
ill-ráðr
-ræði (*von* ráð *n. consilium*) *n. in:*
vand-ræði
-rétta *f.* (*vgl.* réttr *adj. rectus*) *in:*
lög-rétta
-rœðr (*von* RAÐ *in* röð *f. series*) *adj.
in:* átt-rœðr
-sa *in:* þvi-sa
-sæld (*von* sæll *adj.*) *f. in:* ást-
sæld
-sæll *adj. beatus in:* ást-sæll
-sætti (*vgl.* sáttr *adj. reconciliatus*)
adj. in: ú sætti
-salr *pl.* salir *m. ædes in:* Uppsalir
-skeggi (*vgl.* skegg *n. barba*) *m.
in:* kroppin-sk., Mostrar-sk.
-skipun *f. dispositio in:* lögréttu-
skipun
-skór *m. calceus in:* geit-skór
-skoti (*v.* SKOT *in:* skjóta [skaut]:
jacěre) *m. in:* and-skoti
-slóði *m. traha in:* Víg-slóði
-smið *f. fabricatio in:* bar-smið
-smiði *n. opus fabrile in:* stein-smiði
-sókn *f. actio causæ in:* sak-sókn
-stjórn *f. regimen in:* land-stjórn
-sýsla *f. negotium in:* um-sýsla
-tekn *f. signum in:* jar-tekn
-telgja *f. securis? in:* tré-telgja
-tögr (*od.* tugr *od.* tigr) *adj. dena-
rius in:* fer-t., fimm-t., (hálf-)
sex-t., þri-t.

6*

-þingfœrr (*von* þing *n. u.* fœrr *adj.* *vgl.* fara, fór: *ire*) *adj. in:* úþing-fœrr

-þingi *n.* (= þing *n.*) *in:* al-þingi

-þýða *f.* (*von* þjóð *f. populus*) *in:* al-þýða

-vænn *adj.* (*von* ván *f. spes*) *in:* ör-vænn

-væpni *n.* (*von* vápn *n. arma*) *in:* al-væpni

-vangr *m. campus in:* vett-vangr

-vatn *n. aqua in:* Ljósa-v., Öl-fúss-v.

-vetr *adj.* (*von* vetr *m. hiems*) *in:* þre-vetr

-vík *f. recessus maris in:* Vík, Reykjar-vík

-viss *adj. sapiens in:* bók-viss

-völlr *m. campus in:* þing-völlr

ZUR KARTE VON ISLAND

Beifolgende Karte von Island giebt ausser den Hauptbuchten (nr. 1—15 auf d. K.) nur diejenigen Örtlichkeiten der Insel an, d·ren in der Íslendingabók Erwähnung geschieht und soll lediglich zur Orientirung auf einer grösseren und vollständigeren Karte dienen. Neben der den Antiquitates Americanæ vom J. 1837 (auch den Íslendingasögur Bd. I, 1843) beigefügten historischen Karte kommt hier vor Allem in Betracht die von der isländischen Literaturgesellschaft in den JJ. 1844—1849 herausgegebene, ganz vortreffliche Karte von Björn Gunnlaugsson. Sie erschien in zwei Ausgaben; die grössere $\left(\frac{1}{480.000}\right)$ — ausser dem .Titelblatt — in 4 Blättern entweder physisch-geographisch oder administrativ oder hydrographisch illuminirt, die kleinere $\left(\frac{1}{960.000}\right)$ in 1 Blatte, administrativ illuminirt, beide in der Hinrichs'schen Buchhandlung in Leipzig käuflich, die grössere zu 6 thlr. 24 ng. (resp. 6, 8 und 5, 8), die kleinere zu 2 thlr. 8 ng. Björn Gunnlaugssons Karte liegt zu Grunde sowohl der historischen Karte in PA Munchs norweg. Gesch. IV, 2 (Kristiania 1859), als auch den recht hübschen Reisekarten $\left(\frac{1}{1.280.000}\right)$ in Preyers und Zirkels isländ. Reise (Leipzig, Brockhaus 1862) und in Paijkull's 'ein Sommer auf Island' (schwed: Stockholm, Bonnier 1866, dän: Kopenh., Forlagsbureau 1867); die Preyer-Zirkelsche Karte ist besonders käuflich zum Preise von 10 ngr.

Bei dem kleinen Formate der vorliegenden Karte schien es zweckmässig die Namen der betreffenden Örtlichkeiten nicht auf sie selber zu setzen, sondern besonders zu verzeichnen und durch Zahlen auf sie zu verweisen. Es folgen demnach in nachstehender Ortstabelle zunächst die Namen der Viertel (fjórðungar) und der Dingbezirke (þingsóknir), sodann in alphabetischer Folge die übrigen Örtlichkeiten der Insel, unter Beifügung der Buchstaben und Zahlen, mit denen sie auf der Karte bezeichnet sind.

Die Grenzen der Viertel sind theilweise nach alten Angaben bestimmbar: 1. Süd- und Ost-Viertel werden durch die Jökuls-á (d. i: Gletscher-fluss) geschieden, die sich bei Sólheimar (nr. 20ᵃ auf d. K.) an der Südwestküste ins Meer ergiesst: — Jökulsá á Solheimasandi er skilr landsfjórðunga s: Landn. IV, k. 13 und IV, k. 5 (Isl. I, 273[14] und 261[18]). — 2. Die Grenze zwischen Nord- und Westviertel geht mitten durch den Hrútafjörðr, dessen Westküste dem Westviertel und dessen Ostküste dem Nordviertel angehört (vgl. Grág. reg. I, 141[1—2]); auch die Bisthumsgrenze war hier: Hrútafjörðr — þar mœtast biskupsdœmi Bp II, 76[31]. — 3. Das Ost- und Nordviertel wird durch das Vorgebirge Langanes (nr. 45 auf d. K.) geschieden: { Austfirðinga fjórðungi — frá Langanesi á Sólheimasand s: Landn. IV, k. 1 (Isl. I, 237[2—5]) und Lovsamling for Island XII, s. 18—19. — 4. Die Grenze zwischen Süd- und Westviertel ist zweifelhaft; 'nach Landn. II, k. 1 (Isl. I, 64) hätte die Hvitá die Grenze gebildet, von deren nördlichem Ufer 'hefr upp landnám i Vestfirðingafjórðungi' (vgl. Landn. V, k. 15); andrerseits aber kaum zu glauben, dass die Dingstätte des þiugnessþing oder þverárþing an der äussersten Grenze des Viertels gelegen war, während doch jenseits dieser Grenze kein dazu gehöriger Dingmann wohnen durfte. Jedenfalls scheint mir, dass man sich ursprünglich an die Nordgrenze von Ingólfs landnám gehalten und man das landnám Skallagrims nicht mitten entzwei geschnitten haben werde.' KM

Rücksichtlich der Dingbezirksgrenzen, so hatte ich Anfangs nach Munch's Angaben auf seiner Karte Islands (norw. Gesch. IV, 2) die Grenzlinien der 13 þingsóknir gezogen und diese durch die eingesetzten Buchstaben (A I, A II usw.) näher bezeichnet. Diese Grenzlinien jedoch wieder zu beseitigen, wenn auch die Buchstaben stehen zu lassen, bestimmten mich K. Maurers nachfolgg. Bemerkungen:

'— Ich halte vielmehr an der schon früher von mir in den Beiträgen (s. 109 ff. und s. 174 ff.) ausgeführten Ansicht fest, dass die þingsókn eben so wie das goðorð nicht territoriale, sondern nur persönliche Verbände ohne alle geographische Abgrenzung gewesen seien. Wir wissen aus der Grágás und sonst, dass die Verbindung des goði mit seinen þingmenn eine frei eingegangene und eben so frei lösliche war, wenn nur bei der Kündigung gewisse Fristen und Formen eingehalten wurden; Nichts berechtigt uns zu der Annahme, dass ein Domicilwechsel erforderlich gewesen sei, um aus einem goðorð in das andere überzugehen, oder dass umgekehrt verboten gewesen sei bei dem Umzuge in einen andern Landestheil das bisherige goðorð beizubehalten. Die þingsóknir ferner sind von Anfang an nur Complexe von je 3 goðorð, also ebensowenig territoriale Bezirke wie diese; ebendarum können auch bei der Stiftung des fimtardómr neue goðorð aufgerichtet werden, die doch keiner þingsókn angehören: wie wäre diess möglich, wenn die þingsókn ein geographischer Bezirk und somit die älteren 13 þingsóknir eine das ganze Land umfassende, geographische Eintheilung gewesen wären? In der That sind diess nur die fjórðungar und nur bezüglich ihrer galt darum die Bestimmung der Grágás, dass kein goði einen þingmann haben könne, der einem andern fjórðungr angehöre, womit denn doch eo ipso gesagt ist, dass z. B. dem Rauðmelinga goðorð recht wohl Leute angehören konnten, die im Isafjörðr, dem Ljósvetningagoðorð

Leute, die im Vatnsdalr wohnten. — Auch die Landnáma vermag nur
eine Eintheilung nach Landesvierteln, nicht auch nach Dingbezirken
durchzuführen, natürlich, weil letztere, wie gesagt, nur persönliche,
nicht territoriale Verbände waren. Ich lege aber Werth auf die bloss
persönliche Natur von goðorð und þingsókn, weil mir solche zu den
fundamentalen Sätzen des isländischen Staatsrechtes zu gehören scheint;
im Verlaufe der Sturlungenzeit freilich ändert sich diess factisch, aber
nur zufolge der Anhäufung mehrfacher benachbarter goðorð in einer
Hand.' KM. s: auch K. Maurer in Pfeif. Germ. XII, 239

Ein Verzeichniss der Dingstätten findet sich in der Járnsíða,
þingf. kap. 2 (ed. AM p. 2 NgL I, p. 259) und in der Jónsbók, þingf.
kap. 2. Es sind: Mulaþing und die unten verzeichneten (A iii, B i—iii,
C i—iii, D i—iv); es fehlen Sunnudalsþing (A i) und Kiðjafellsþing (A ii).
'Die dort erwähnten sind alle alt und in der republikanischen Zeit
schon nachweisbar; dazu kommt noch das Hvalseyraþing oder þing-
eyraþing im Dýrafjörðr, das Straumsfjarðarþing der Rauðmelingar an
den Löngufjörur, das Vollalaugarþing im Skagafjörðr, endlich die sehr
schwer zu verificirenden Dingstätten der Krákalækjarþing und Lamba-
nessþing, neben dem Sunnudalsþing im Ostviertel'. KM. Über die
heute noch erkennbaren Dingstätten s: Maurer in Pfeif. Germ. X,
491—492.

A. Austfirðingafjórðungr

   I. Sunnudalsþing
   II. Kiðjafellsþing
   III. Skaptafellsþing

B. Rangæinga- od. Sunnlend-
   inga-fjórðungr

   I. Rangárþing
   II. Árnessþing
   III. Kjalarnessþing

C. Vestfirðingafjórðungr

   I. þverárþing
   II. þórsnessþing
   III. þorskafjarðarþing

D. Norðlendingafjórðungr

   I. Húnavatnsþing
   II. Hegranessþing
   III. Vaðlaþing
   IV. þingeyjarþing

Alþingi 33
Bláskógaheiðr 34
Borgarfjörðr 3
Breiðabólstaðr 20
Breiðifjörðr 4
Dalir 39
Djúpidalr 41
Eyjafjörðr 10
Faxafjörðr 1

Gilsfjörðr 6
Haukadalr 24
Héraðsflói 15
Hólar 42
Húnaflói 8
Hvalfjörðr 2
Hvammr 40
Hvammsfjörðr 5
Ingólfsfell 28

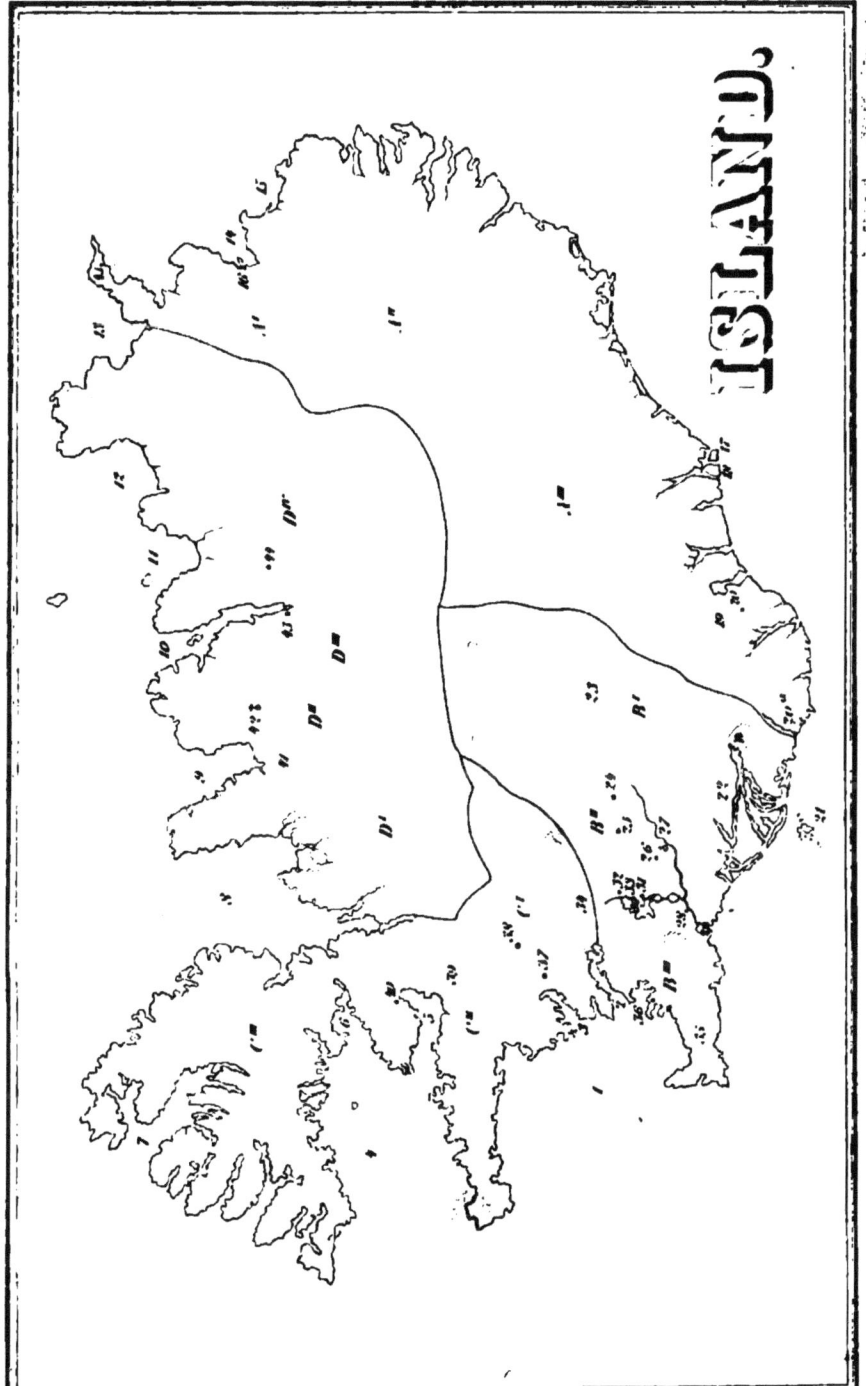

ISLAND.